주의 사자가 앞서 인도하신다

Originally published in English under the title

A Cloud by Day, a Fire by Night

by A. W. Tozer

ⓒ 2019 by James L. Snyder

Published by Bethany House Publishers
a division of Baker Publishing Group,
6030 East Fulton Road, Ada, MI 49301, U.S.A.

All rights reserved.

This Korean Translation Copyright ⓒ 2021 by Kyujang Publishing Company

이 한국어판의 저작권은 저작권자와 독점 계약한 규장에 있습니다.
신 저작권법에 의하여 한국 내에서 보호를 받는 저작물이므로 무단 전재와 무단 복제를 금합니다.

A. W. 토저 마이티 시리즈(A. W. TOZER Mighty Series)

토저는 교인수의 성장을 위해서라면 대중의 인기에 야합하고, 거대 기업의 경영방식을 무차별 차용하고, 할리우드 엔터테인먼트 방식을 예배에 도입하는 것에 대해 통렬한 비판을 가하였다. 그는 현대의 교회가 물량적 성장을 위해서라면 교회의 순결성을 포기하는 듯한 자세를 보일 때는 그것을 좌시하지 않고 언제나 선지자의 음성을 발하였다. 듣든지 안 듣든지 이스라엘 교회의 세속화를 준엄히 책망했던 예레미야처럼, 토저도 시대에 아부하지 않고 하나님교회의 순정성(純正性)을 파수하기 위해 '강력한'(Mighty) 말씀을 선포했다. 그래서 토저는 '이 시대의 선지자'라는 평판을 들었다. 토저가 신앙의 개혁을 위해 외쳤던 뜨겁고 강력한 메시지를 이 시대의 우리도 들어야 한다. 말씀과 성령에 의한 개혁이 절실히 필요한 이때, 규장에서 토저의 강력한(Mighty) 메시지들을 'A. W. 토저 마이티(Mighty) 시리즈'로 출간한다.

"토저의 설교는 설교단에서 발사되어 청중의 마음을 관통하는 레이저 광선과 같다." - 워런 위어스비

A . W . T O Z E R

A CLOUD BY DAY,
A FIRE BY NIGHT

주의 사 자 가 앞 서 인 도 하 신 다

MIGHTY SERIES 30

규장

영문판 편집자의 글

알지 못하는 땅으로

Part 1

1장	하나님은 오늘도 말씀하시며 인도하신다	14
2장	하나님의 분명한 음성을 들어라	22
3장	최종 목적지에 초점을 맞춰라	29
4장	성령의 인도를 믿고 의지하라	36
5장	신앙과 불신앙은 어떻게 다른가	45
6장	약속의 성취는 순종에 달렸다	53

싸워서 취할 땅으로

Part 2

7장	원수를 분별하고 맞서 싸우자	62
8장	그 땅의 소산은 들어가야만 누린다	70
9장	우리의 영적 유산을 즐거워하자	77
10장	하나님이 우리를 준비시키신다	84
11장	원수를 알고 그의 것을 취하라	92
12장	원수의 신들과 싸우고 대적하라	101

| 차례 |

약속된 축복의 땅으로

Part 3

13장 하나님의 뜻을 알아 신뢰하고 섬겨라	112
14장 하나님은 이끄시고 채우신다	122
15장 복과 전쟁이 다 우리 앞에 있다	131
16장 전진하는 자만이 승리한다	140
17장 어제의 믿음 대신 오늘과 내일의 믿음으로	149
18장 순종하는 자만이 복을 취한다	158

더 깊은 삶으로

Part 4

19장 지연된 복도 여전히 축복이다	168
20장 분수령을 넘어 전진하라	176
21장 약속의 땅에 뿌리 내리기	187
22장 낙심이 오면 격려를 받아라	196
23장 은폐의 구름을 딛고 올라가라	205

영문판 편집자의 글

주의 사자를 끝까지 따름으로
더 깊은 은혜의 삶으로

A. W. 토저 박사의 사역에서 매우 중요한 한 가지 주제는 우리 각 사람의 삶을 향한 하나님의 뜻이었다. 토저는 그리스도인이 되었을 때부터 영원한 세계로 들어가는 날까지 이 주제를 갖고 씨름했다.

그가 시카고에서의 성공적인 목회를 마무리하기 직전에 전한 시리즈 설교를 기반으로 만들어진 이 책은 우리 삶을 향한 하나님의 뜻을 알게 해주는 '간편한 5단계' 설명서가 아니다. 토저는 그런 종류의 책을 혐오했다. 우리 삶을 향한 하나님의 뜻을 알게 해주는 '간편한 5단계' 같은 것은 없다.

그가 이 시리즈 설교를 전할 때 사우스사이드 얼라이언스 교회의 교인들은 그의 계획들에 관해 알지 못했지만, 당시에 그가 사우스사이드에서의 30년 목회를 끝내고 토론토 교회의 목회자 청빙에 응하도록 이끄는 몇 가지 일이 진행되고 있었다. 나는 그가 토론토로 가겠다는 결정을 내릴 때까지 오랜 시간 많이 고민했으리라고 믿는다.

'주의 사자(使者)를 네 앞서 보내어'라는 제목이 붙은 이 시리즈 설교 자체가 중요한 의미를 갖는 이유는 토저가 이 일련의 설교에서 자신에 대해 몇 가지 이야기를 들려주기 때문이다. 이 이야기들 중 특히 눈길을 끄는 것은 성공적으로 목회하고 있던 인디애나폴리스의 교회를 그만두고 어느 정도 새 교회라고 할 수 있는 시카고의 사우스사이드 얼라이언스 교회로 옮기는 과정에서 체험했던 하나님의 인도에 관한 이야기이다.

토저의 가르침에서 중심이 되는 내용은 그가 '더 깊은 삶'(the deeper life)이라고 불렀던 것이다. 이것은 평균적 그리스도인들의 삶보다 더 영적으로 깊은 삶을 가리킨다. 그는 기독교의 저급화를 한탄했으며, 예수님과의 동행을 계속적으로 더 깊게 하는 기독교를 추구했다.

토저의 주장에 따르면, 그리스도인의 삶을 산다는 것은 단지 '하나님께 구원받은 후 천국 갈 날을 기다리는 것'이 아니다. 그는 그의 시카고 교회 교인들에게 다음과 같은 취지로 몇 번 말했다.

"현재 모든 이들의 영적 상태를 육체적 상태에 비유하여 표현하자면, 여러분 중 많은 이들은 기저귀를 찬 채 엄지손가락을 빨고 있는 것입니다."

그가 이렇게 말할 때마다 사람들이 웃었지만 그의 말은 정곡을 찔렀다.

이 책의 곳곳에서 토저는 그리스도인들이 거의 매일 겪는 싸움(전투)에 대해 언급한다. 그는 이 싸움이 약속의 땅 가나안에서 일어난다고 말하는데, 여기서 그가 말하는 가나안은 비유적 표현으로서 현재 우리 신앙인들이 살아가고 있는 영적 영역을 가리킨다.

그리스도인이 영적 싸움에 직면하거나 또는 적극적으로 영적 전투를 수행해야 할 때가 있다는 것을 부인하는 사람들이 일부 있지만, 그들은 현실을 모르는 것이다. 가나안 땅 안에서 어느 단계까지 전진했든, 우리는 모두 각자의 싸움을 해야만 한다.

이 책의 제15장에서 토저는 싸움과 복 사이의 관계를 가르친다. 그는 싸움을 겪어보지 않은 자에게는 복도 없다고 지적한다. 전투의 목적은 우리를 복 받는 자리로 이끄는 것이다. 제22장에서 그는 일견 모순되는 듯 보이는 것에 대해 또 언급하는데, 그것은 낙심이 유익이 될 수도 있다는 것이다. 그토록 부정적인 것을 보고 그것에서 긍정적인 것을 이끌어낼 수 있는 영적 안목을 가진 사람은 오직 토저뿐이 아닐까 하는 생각이 내 머리를 스친다.

토저 박사의 설교를 어느 한 편이라도 들어본 사람이라면 누구나 찬송가에 대한 그의 깊은 사랑을 느꼈을 것이다. 이 책의 각 장(章)의 서두에는 토저의 기도가 있고, 말미에는 그 장의 주제와 관련된 찬송가의 한두 절(節)이 수록되어 있다.

내가 볼 때, 토저가 이 책의 독자에게 가장 해주고 싶은 말은 이것이다. 포기하지 말라! 중단하지 말라! 삶의 아주 많은 부분에서 지치고 힘들면 낙심에 빠져 오직 포기하고 싶은 생각만 든다. 특히, 우리를 향한 하나님의 뜻이 분명하지 않을 때 더욱 그렇다. 그러나 토저에게 포기라는 것은 선택을 위한 고려 대상조차 못 되었다.

이 책을 읽어갈 때 당신은 그가 젊은 시절에 목회자가 되는 과정에서 하나님의 인도를 어떻게 느꼈는지를 보게 될 것이다. 그는 목사안수위원회가 목사안수를 위해 요구할 수 있는 일반적 자격요건들에는 미달했지만, 그에게는 확고한 결의가 있었고, 자기가 목사가 되는 것이 하나님의 뜻이라는 믿음이 있었다. 그가 그로부터 몇 년 후에 알게 된 사실이지만, 당시 안수위원회의 많은 위원이 그의 자격을 문제 삼았다. 하지만 그들도 사역을 향한 그의 열정을 보았기 때문에 안수를 허락했다. 나는 이 이야기가 너무 좋다.

이 책은 삶의 다음 단계를 어느 방향으로 잡고 어떤 결정을 내려야 하는가 하는 문제에 관해 그분의 뜻을 아는 것만을 다루는 것이 아니다. 이 책은 그분의 뜻을 끝까지 따르는 법을 가르친다! 우리 인간이 가진 능력과 자원(資源)만으로 그분을 따르는 것은 불가능하지만, 일단 '돌이킬 수 없는 선'을 넘어서 '더 깊은 삶'으로 들어가면, 그분의 뜻을 행할 힘을 주시는 하나님의 은혜 안으로 들어가게 된다.

제임스 L. 스나이더

A CLOUD BY DAY,
A FIRE BY NIGHT

PART 1

알지 못하는
땅으로

CHAPTER
01

하나님은 오늘도
말씀하시며 인도하신다

하늘의 아버지시여,

당신을 알기를 갈망하고, 당신을 믿고 의지하기를 원하여 나아왔습니다. 당신이 저를 위해 무엇을 행하셨든지 그것에 제 마음을 열게 하소서. 그리하시면 당신이 원하시는 곳에 제가 있게 될 것입니다. 저는 저보다 먼저 보냄을 받은 당신의 사자(使者)에게 복종하며, 당신이 보내기를 원하시는 곳으로 갑니다. 제가 낮에는 구름기둥 아래에, 밤에는 불기둥 아래에 계속 있게 하소서.

예수님의 이름으로 기도합니다. 아멘.

새로운 사역지로 부르시다

32년 전, 내 인생의 어렵고 중대한 시기를 통과하고 있을 때 하나님은 나를 향한 그분의 뜻에 관해 내게 말씀하기 시작하셨다. 당시 나는 기독교선교연합 교단에 속한 인디애나폴리스의 한 교회에서 목회자로 몇 년째 시역하고 있었고, 그분은 놀라운 방법들로 복을 주어 나를 사용하고 계셨다. 교회는 성장하고 있었고 지역사회에 영향을 끼치고 있었으며, 나는 인디애나폴리스를 떠나고 싶은 마음이 조금도 없었다.

그러던 중 역시 기독교선교연합 교단에 속한 시카고의 한 교회가 내게 편지를 보내 그 교회의 후임 목회자 청빙에 지원해달라고 부탁했다. 교회를 옮기겠다는 생각이 전혀 없었던 나는 그 교회에서 보낸 편지들을 치워버렸다.

그러나 하나님은 내게 시카고 교회에 대해 말씀하기 시작하셨고, 당시 나로서는 그 이유를 알 수 없었다. 결국 한 주일을 택하여 그 시카고 교회에 가서 설교하기로 했지만, 그곳에서 목회할 생각은 전혀 없었다.

과거에 캘빈 쿨리지(Calvin Coolidge: 1872-1933. 미국의 30대 대통령)가 "나는 출마를 선택하지 않습니다"(I do not choose to run)라는 유명한 말을 남겼는데, 나는 시카고에서 설교를 끝낸 후에 그곳의 그 선한 사람들에게 "나는 이곳의 목회자 청빙에 응하기를 선택하지 않습니다"라고 말했다.

그러나 인디애나폴리스로 차를 몰고 돌아오면서, 내 마음을 살피는 힘겨운 기도 속으로 나도 모르게 빠져들었다. 하나님은 내 마음에 말씀하셨지만 나는 무엇을 해야 할지 몰랐다. 정말로 영적 딜레마에 빠졌다.

하나님은 우리에게 말씀하실 때 우리 삶을 위한 그분의 계획을 보여주기 시작하신다. 그때까지 나는 인디애나폴리스에서 계속 목회하는 것이 그분의 계획이라고 믿고 있었다. 인디애나폴리스의 교회에서는 모든 것이 아주 잘 돌아갔다. 교회는 성장하고 있었고, 그 도시의 곳곳에서 우리 교회의 영향력이 느껴졌다.

하나님은 오늘 우리에게도 약속을 주신다

시카고 교회에 가서 아침 설교를 하던 날, 나는 출애굽기 23장 20절을 본문으로 삼아 설교했다.

> 내가 사자를 네 앞서 보내어 길에서 너를 보호하여 너를 내가 예비한 곳에 이르게 하리니

물론 나는 이 성경 본문의 중요한 역사적 의미를 잘 알고 있었다. 이 구절을 본문으로 삼아 설교하고 아무 미련 없이 그 교회에서 나와 인디애나폴리스로 돌아오는 것이 내게는 얼마든지 가능했다.

그러나 하나님은 일이 그렇게 진행되는 것을 허락하지 않으셨다. 이 구절이 바로 나에게 어떻게 적용되는지에 대한 분명한 깨달음과 느낌이 내게 임했다. 하나님은 아브라함과의 약속에 근거하여 내게, 즉 아브라함의 영적 자손인 내게 말씀하고 계셨다. 영적 법들이 작동하고 있었고, 이런 작동을 통해 그분은 내게 말씀하려고 하셨다. 이런 일은 내게 개인적으로 적용되는 것이었으며, 또한 이 땅에서 나그네의 길을 가는 교회에도 적용되는 것이었다.

하나님은 오늘날 교회 전체에게 말씀하시며, 아브라함과의 언약에 근거하여 우리에게 명령하신다. 하나님은 그분의 백성을 그분이 보내고자 하시는 곳으로 몰아가신다. 종종 그 길은 우리가 원하는 길이 아닐 수도 있지만, 그분은 우리의 복종을 보시고 문을 열어주시며 앞으로 인도하신다. 그러므로 교회는 그분의 음성을 듣고 그것에 순종할 책임이 있다.

마음을 살피는 기도를 더 많이 한 후에 나는 결국 시카고 교회의 청빙을 받아들이기로 했다. 내 인생에서 큰 방향 전환이 일어난 것이었다! 시카고 교회는 오래된 교회라고 할 수 없었기 때문에 이렇다 할 전통은 없었다. 나는 촌에서 올라온 사람으로서 그 교회에 부임하여 그 대도시에서 사역을 시작했다.

내가 왜 이 이야기를 하는가? 하나님이 시카고 교회에 대해 말씀하시고 결국 내 순종을 이끌어내신 그 사건은, 내 개인적 실패들에도 불구하고 그분이 나와 그분 사이의 약속을 성취하신 사건이었다는 것을 말하기 위해서이다. 나는 이제까지 많은 실패를 겪었다는 것을 인정하는 데 전혀 주저함이 없다. 누구나 인생을 오래 살다 보면 실패도 많아지는 법이다. 하지만 하나님은 자비를 베풀어 우리와 실패들과 그 밖의 모든 것을 다 사용하시어 결국 영광을 받으신다.

그분은 우리 교회 안에서 행하셨고, 기회의 문을 열어주시어 우리 삶 속에서 그분의 뜻을 이루셨다. 우리 교회에서 거의 25명의 젊은이가 해외 선교사로 나가 주 예수 그리스도를 위해 헌신하고 있다. 열 명 정도의 또 다른 젊은이는 목회자와 설교자가 되었는데, 우리 교회는 그들이 하나님께 받은 사명을 이루어드리도록 격려해 왔다. 게다가 많은 음악가와 지휘자와

국내 선교사가 우리 교회에서 배출되었다. 또한 나는 하나님께서 우리가 해외선교에 관심을 갖고 희생을 감수하며 물질적으로 후원하도록 도우신 것을 기쁘게 여긴다.

하나님의 말씀을 귀로만 듣고서 그냥 흘려버리지 않고 마음 깊이 새기면 그 말씀에 자극받아 우리의 사명을 이루어드리게 된다.

하나님의 음성이 약속의 땅으로 들어가게 하신다

우리는 살아가다가 각기 개인적으로나 교회 차원에서 이런저런 도전에 직면할 수 있다. 산업시설과 사람들이 교외로 빠져나가는 경향이 꾸준히 계속됨에 따라 우리 교회도 현재 영향을 받고 있다. 교회 주변의 환경은 점점 더 악화되어 왔고, 현재는 범죄 때문에 어떤 형태의 저녁예배도 힘들어졌다. 대중교통 시스템이 무너져 많은 이들이 우리 교회에 나오지 못하게 되기도 했다. 20년 전만 해도 이런 일들이 일어나리라고는 생각도 못 했다.

우리 관심의 초점은 하나님께 순종하고 그분의 음성에 반응하는 것이었고 지금도 그렇다. 잘 알지 못하는 낯선 땅을 여행하는 사람들은 그들을 인도해줄 지혜의 음성을 분명히 들어야 한다. 그렇지 않으면 길을 잃었다는 절망감 속에서 헤매게 될 것이다.

그렇다! 잘못된 방향으로 가지 않으려면 매사를 하나님 말씀의 권위와 지혜에 근거하여 결정해야 한다. 이 책의 목적은 하나님으로부터 오는 이 분명한 음성을 깨닫도록 돕는 것이다. 그분이 무엇이라고 말씀하시는가? 내 평생 나에게 올바른 방향을 제시해줄 이 음성을 어디서 들을 수 있을까? 이런 문제들에 대해 도움을 주자는 것이다.

각 사람의 앞을 가로막는 저 요단강을 건너 약속의 땅으로 들어가도록 인도해주는 것은 하나님의 음성이다. 그 음성이 없으면 우리의 요단강은 갈라지지 않을 것이고, 강 저편에 이르는 것이 불가능할 것이다.

오, 크신 여호와시여
당신이 저를 인도하소서
이 불모의 땅을 지나는 순례자인 저를 인도하소서
저는 약하지만 당신은 강하시오니
당신의 강한 손으로 저를 붙드소서
하늘의 떡을, 하늘의 떡을

더 원함이 없도록 먹여주소서

더 원함이 없도록 먹여주소서

_윌리엄 윌리엄스(William Williams)

〈전능하신 주 하나님〉(새찬송가 377장)

CHAPTER
02

하나님의 분명한
음성을 들어라

하늘의 아버지시여,

제 마음의 가장 큰 소원은 당신의 음성을 듣는 것입니다. 그저 당신에 관하여 듣는 것이 아니라 제 마음속에서 울려 퍼지는 당신의 분명한 음성을 듣는 것입니다. 그 음성은 당신 앞에서 순종의 마음을 가지라고 부릅니다. 오, 아버지시여, 제가 그런 당신의 확실한 음성을 듣도록 제 기도를 들어주소서.

예수님의 이름으로 기도합니다. 아멘.

주의 사자는 우리를 보호하고 인도하신다

종종 우리는 이 세상에 넘쳐나는 온갖 종류의 음성에 매몰되어 하나님의 음성을 듣지 못한다. 그분이 우리의 관심을 끌기 위해 "보라!"라고 소리치실 때도 이런저런 사건들과 활동들에 정신이 팔려서 그 음성을 듣지 못하고 놓칠 수 있다.

그러나 우리는 별로 중요하지도 않은 그런 것들을 삶에서 몰아내고, 그분의 세미하면서도 강력한 음성을 들어야 한다. 이것을 나는 강조하고 싶다.

그분은 당신의 삶을 위한 방향을 제시해주기 위해 주도적으로 일하신다. 출애굽기 23장 20-23절 말씀에서 그분은 "내가 사자(使者)를 네 앞서 보내어"라고 약속하신다. 그분은 우리가 혼자 힘으로 해보려다가 곤경에 빠져 허우적거리도록 내버려 두지 않으시고, 사자를 보내어 우리를 인도하게 하신다.

또한 주님은 길에서 우리를 보호할 책임을 떠맡으신다(20절). 그분이 우리 앞에 사자를 보내시는 것은 복잡다단한 삶 속에서 어떤 길로 가야 할지를 알려주시기 위함이다. 아주 좋은 기회인 것처럼 보이는 것도 그분의 뜻과 관계없으면 결국 엉뚱한 방향으로 끌고 갈 뿐이다. 그래서 그분의 사자는 그분이 원하시는 길에서 우리가 이탈하지 않도록 지켜주는 역할을 하신다.

하나님은 또 "너를 내가 예비한 곳에 이르게 하리니"(20절)라고 약속하신다. 이것은 매우 중요하다. 하나님은 우리의 여정을 시작하시고, 사자는 그 길을 아신다. 오직 그 사자만이 하나님께서 선택하신 곳으로 우리를 데려가실 수 있다.

하나님의 지혜는 거룩한 기회의 문을 열어준다. 이것을 우리가 당장은 깨닫지 못할 수도 있지만, 언젠가는 "이것이 바른 길이니 너희는 이리로 가라"(사 30:21)라는 분명한 내적 음성을 듣게 될 것이다.

출애굽기 23장 20절은 "내가 예비한 곳"에 이르게 하리라는 말씀으로 끝난다. 하나님은 우리를 이끌고 가실 곳을 이미 예비하셨다. 시카고에 갔을 때 나는 그분이 이미 나를 위해 시카고를 예비하시고 시카고를 위해 나를 예비하셨다는 것을 알지 못했다.

주의 음성에 매일 잠잠히 귀 기울여라

우리는 긴장을 조금 풀고 세상의 시끄러운 소리들을 멀리하고 그분의 음성에 귀를 기울일 필요가 있다. 왜냐하면 그분이 모든 것을 예비하셨기 때문이다. 그분은 우리가 봉사하고 사역할 곳을 예비하셨다. 우리가 그곳까지 가는 과정에서 장애물과 혼란에 직면할 수도 있지만, 그럼에도 불구하고 필요에 따라 문들을 열어주실 것이다.

하나님의 인도하시는 음성을 듣기 위해서 나는 마음을 잠잠히 해야 한다. 사실, 우리 모두 매일 이러한 훈련을 해야 한다. 인간적인 생각이 이끄는 대로 끌려가는 것은 너무도 쉽고 편하다. 우리는 세상의 방법들에 이끌리며, 인간적인 생각이 지시하는 대로 가려는 본능이 있다. 기계와 기술에 중독되다시피 한 것이 현재 우리의 문화이다. 그러나 우리는 인간적 생각과 기계에 의지하기를 거부하고 주님의 음성을 듣기 위해 귀를 기울여야 한다.

또한 하나님께서 예비하신 곳에 들어가고자 하는 소원을 마음에 품어야 한다. 나는 그곳에 이르기를 원한다. 거듭나고 주 예수 그리스도를 사랑하는 우리는 모두 하나님께서 우리를 위해 예비하신 곳에 이르기를 갈망해야 한다. 그곳에 이르는 것은 그분이 우리를 위해 계획하신 일이다! 그것이 무엇인지 처음에는 잘 알지 못하여 분명하게 보이지 않을 수도 있지만 그분의 일을 너무나 잘 알고 계신 하나님이 우리를 인도하여 우리의 요단강을 건너도록 하실 것을 믿어야 한다.

인디애나폴리스에서 일할 때 나는 그곳에서 내 사역이 무엇인지를 알았다. 하지만 그분이 나를 시카고로 부르실 때 내게는 시카고에서의 사역에 대한 비전이 없었다. 인디애나폴리스와 시카고는 달랐기 때문에 서로 다른 사역이 필요했다. 시카고에서의 사역이 무엇인지는 그곳에 가서야 비로소 알았다.

하나님께서 인도하시는 길로 가기를 원하는 사람들은 그분의 음성을 들으려고 해야 한다. 사람들의 음성은 이쪽 방향으로 가기도 하고 저쪽 방향으로 가기도 하지만 하나님의 길은 언제나 가장 좋은 길이다. 그분에게 복종하면, 그분의 음성을 통해 깨달은 그분의 길을 온전히 받아들이면, 그분이 원하시는 곳에 이르게 될 것이다.

주의 사자는 우리의 모든 여정을 아신다

그분의 인도를 따르는 믿음을 갖는 것이 쉽지는 않다. 예상하지 못한 어려움을 많이 겪을 수도 있고 포기하고 싶을 때도 있을 것이다. 그러나 예수 그리스도를 향한 믿음과 신뢰가 있는 사람이라면 형편이 아무리 어렵고 원수가 아무리 방해해도 하나님, 즉 우리를 인도하시는 하나님을 믿어야 한다. 우리보다 앞서 보냄을 받은 사자는 하나님께서 보내신 분이다. 그 사자는 하나님께서 우리의 사역을 통해 영광 받으시는 곳까지 이르도록 우리를 이끌어 요단강을 건너게 하실 것이다.

이 사자를 따르는 우리를 통해 그리스도를 만나게 될 사람들을 생각해보라. 하나님의 부르심에 반응하고, 그분이 정해주신 사역에 뛰어들게 될 사람들을 생각해보라.

앞길에 놓인 어려움들이 보일 수도 있겠지만, 그 어떤 어려움도 그분보다 크지 않다. 하나님은 그 어떤 어려움에도 전혀 놀라지 않으신다. 그분과 함께 믿음의 길을 떠날 때, 그분은 그 여정의 처음과 끝, 그리고 그 둘 사이의 모든 일을 이미 알고 계신다. 우리에게 일어날 모든 일을 아시는 그분은 그것들에 대비하여 우리를 훈련시키신다. 우리가 그분께 훈련받은 것들이 아니라면 결코 우리에게 일어나지 않을 것이다.

우리보다 앞서 보내심을 받은 사자는 우리를 충실히 인도하시기 때문에 우리는 하나님께서 원하시는 곳에 결국 이르게 된다.

하나님의 음성이 부르시니
이 시대에 들리는 명령이로다
이사야가 시온에서 들었고,

지금 우리 귀에 들리는 그분의 음성이로다

내가 누구를 보낼까?

곤궁한 내 백성을 돕기 위해

내가 누구를 보낼까?

수치와 탐욕의 사슬을 끊기 위해

_존 헤인즈 홈즈(John Haynes Holmes)

〈하나님의 음성이 부르시니〉

CHAPTER
03

최종 목적지에
초점을 맞춰라

하늘의 아버지시여,

저의 온 마음을 바쳐 구하오니 제 마음의 초점을 당신이 원하시는 곳에 두고, 이 땅의 삶이나 제 주변의 이런저런 것들에 두지 않게 하소서. 오 하나님이시여, 제 마음이 당신과 당신이 저를 위해 예비하신 것으로 온전히 향하게 하소서. 이 땅의 삶에 한계가 있다는 것을 잘 압니다. 또 저는 당신이 저를 이끌어 가시는 목적지를 알고 있으니, 그곳은 어떤 한계도 없는 저 영원한 세계입니다. 그곳에서 저는 현재 누릴 수 없는 당신과의 교제를 무한히 누릴 수 있습니다. 그 최종 목적지에 이르기를 고대합니다.

감사하는 마음으로 예수님의 이름으로 기도합니다. 아멘.

40년 광야 여정은 지금 우리의 신앙 여정이다

하나님의 백성이 애굽에서 나와 약속의 땅으로 들어가려면 특별히 부름받은 사람이 있어야 했다. 이스라엘 민족의 문제를 해결하기 위해 하나님께서 세우신 해결사는 바로 모세였다!

문제나 어려운 상황이 닥칠 때마다 그분은 어떤 한 사람에게 기름을 부어 등장시키신다. 구약의 모든 선지자를 보면 그분이 어떻게 일하시는지가 보일 것이다. 하지만 선지자들이 백성을 도우려고 할 때 백성이 그들을 배척한 적이 얼마나 많았는가! 정말 실망스러운 일이라고 말하지 않을 수 없다. 그런데 유감스럽게도, 이런 일은 오늘날에도 계속되고 있다.

우리가 아는 바와 같이 이스라엘은 하나님께 약속으로 받은 땅에 들어가기 전에 40년동안 광야에서 헤맸다. 그들은 모세의 지도를 따르기를 거부하고 약속의 땅에 등을 돌렸다.

그 후 일어난 광야방랑 사건, 즉 고대 이스라엘의 40년 여정은 이 땅에서 하늘나라로 가고 있는 오늘날 그리스도인들의 신앙 여정을 비유적으로 보여준다고 할 수 있다. 사도 바울은 "그들에게 일어난 이런 일은 본보기가 되고 또한 말세를 만난 우리를 깨우치기 위하여 기록되었느니라"(고전 10:11)라고 말한다.

하나님은 약속하신 땅, 지금은 우리가 상상조차 할 수 없는 땅으로 우리를 인도하실 것이다. 그 여정은 우리의 회심에서 시작하여, 주 예수 그리스도 안에서 열매 맺는 승리의 삶을 향해 장애물을 뚫고 전진한다. 하지만 그분이 예비하신 길에서 우리를 인도하도록 먼저 보냄받은 사자(使者)가 함께하시기 때문에 우리의 여정은 외롭지 않다.

그러므로 나는 우리가 사도바울 같은 사람들과 같은 입장이라고 생각한다. 그의 증언과 하나님께서 다메섹 도상에서 어떻게 그와 함께 새롭게 시작하셨는지를 보라. 다메섹 도상에서 시작된 바울의 신앙적 여행길에는 좌로나 우로나 온갖 종류의 장애물들이 있었다. 그러나 그는 하나님의 음성을 따랐기 때문에 그 모든 것을 견뎌냈다. 그의 길은 결국 순교로 끝났지만, 그것이 결코 사도 바울이라는 사람의 끝은 아니었다는 것을 우리는 확신할 수 있다.

요한계시록에 나오는 사도 요한과 그가 겪은 모든 일을 생각해보자. 그가 본 천국의 환상이 그와 그의 사역에 엄청난 동기부여가 되었기 때문에 그는 큰 대가를 치르는 것에 전혀 개의치 않았다.

교부(敎父)들에 관한 글을 읽어보라. 하나님께 선택받은 그들은 그분의 지시에 따라 살았고, 그들 중 많은 이들도 그분의 인도에 따라 순교에 이르렀다. 그리고 개혁가와 신비가(神秘家) 같은 사람들도 순교의 행렬에 동참했다. 하나님은 그들을 인도하셨을 뿐만 아니라, 우리가 본받고 따르도록 그들을 본보기로 세우셨다.

최종 목적지까지 각각의 단계가 있다

우리가 하나님께서 예비하신 곳으로 가게 될 것이라는 그분의 분명한 말씀을 좀 더 자세히 살펴보자. 그분이 행하시는 모든 것은 미리 정해진 그 목적지로 우리를 이끌어간다. 그분은 그곳에 이르도록 이 땅의 삶에서 우리를 체계적으로 준비시키신다. 지금 우리가 얼마나 그분께 순종했느냐 하는 것은 장차 천국에서 얻게 될 우리의 지위에서 드러날 것이다.

여기서 두 가지 측면을 생각해봐야 하는데, 하나는 잠정적 목적지이고 다른 하나는 최종적 목적지이다.

신명기 1장에 "너희보다 먼저 가시는 너희의 하나님 여호와께서 애굽에서 너희를 위하여 너희 목전에서 모든 일을 행하신 것같이 이제도 너희를 위하여 싸우실 것이며"(신 1:30)라는 말씀이 나온다. 하나님은 이스라엘이 궁극적으로 도착해야 할 최종적 목적지를 염두에 두셨지만, 그곳에 이르는 과정에는 나름대로 단계들, 즉 충돌과 전쟁 같은 것들이 있었다. 하지만 그분이 그들보다 앞서가서 싸우시리라는 약속이 그들에게 주어졌다. 각 단계는 그분이 정하신 것이며, 한 단계는 그다음 단계로 이끌어준다.

우리 앞에 여러 단계가 있다는 것이 눈에 잘 보이지는 않지만, 우리는 오직 믿음으로 걸어야 한다. 이스라엘 민족에게 그러하셨듯이, 하나님은 우리를 한 번에 한 단계씩 준비시키신다. 그분이 택하신 길이 우리가 원하는 길과 다를 수도 있지만, 그분의 계획에서 벗어나는 길은 결국 재앙으로 끝난다. 그리스도인으로서 나는 나를 위해 정해진 길에서 이끄시고 준비시키시는 성령의 능력 안에서 전진한다.

이것은 각각의 교회들에도 그대로 적용된다. 우리가 성령께 마음을 열면 그분은 우리를 위해 계획하신 삶과 사역으로 우리의 길을 인도하실 것이다. 그 사역이 구체적으로 무엇인지 완전히 알지 못할 수도 있고 어디로 가고 있는지 모를 수도 있지만, 주님을 따라가고 있다면 두려워할 필요가 없다. 과거에 더 이상 얽매이지 않을 때 하나님이 주시려는 미래를 굳게 붙잡을 수 있고, 결국은 우리를 위한 그분의 최종 목적지에 도달할 수 있다.

우리의 최종 목적지

이스라엘의 경우 그들의 최종 목적지는 가나안 땅을 완전히 점령하는 것이었다. 하나님은 모세를 사용하여 이스라엘을 애굽에서 이끌어내어 광야로 들어가게 하셨고, 마침내 여호수아는 그들을 이끌고 요단강을 건너 약속의 땅으로 들어갔다.

우리의 최종 목적지는 예수께서 요한복음 14장 2절에서 말씀하신 "내 아버지 집"이다. 이 세상은 우리의 집도 아니고 최종 목적지도 아니다. 그러나 많은 이들이 세상의 덫에 걸려 그 길에서 벗어나며, 불행하게도, 그분이 그들을 위해 본래 정하셨던 목적지에 이르지 못한다.

그리스도인의 목표는 하나님의 길을 가면서 능력과 열매 맺음에 도달하는 것이고, 궁극적으로는 천국에 이르는 것이다. 그분의 길을 따라갈 때 우리는 우리에게 필요한 모든 것이 준비되어 있음을 알게 될 것이다. 그것들은 하나님께서 우리를 그분이 원하시는 존재로 변화시키기 위해 마련하신 것들이다.

날마다 우리는 그분이 우리를 위해 준비하신 것들을 믿음으로 얻게 된다. 우리는 어떤 것들이 필요하게 될지를 알지 못하지만, 그분은 다 아시고 완벽하게 준비해 놓으신다.

목적지에 이르려면 대적과 똑같은 힘이 아니라 그보다 더 큰 능력을 가져야 한다. 이것을 늘 명심해야 한다. 우리는 사자께서 우리 앞에 놓아주신 길에서 벗어나기 쉽다. 그러나 하나님은 낮에는 구름을, 밤에는 불을 제공하셔서 우리를 목적지에 도달하게 하신다.

주의 나팔이 울리고 시간이 끝날 때
맑고 밝은 영원한 아침이 밝을 때
이 땅에서 구원 얻은 자들이 저쪽 강가에 모일 때
거기에서 명부의 이름을 부를 때
내가 거기에 있겠네

_제임스 M. 블랙(James M. Black)

〈하나님의 나팔 소리〉(새찬송가 180장)

CHAPTER
04

성령의 인도를
믿고 의지하라

오, 자비로운 아버지시여,

제 삶에서 당신의 안내가 절실히 필요하고 정말로 귀합니다. 저의 힘으로 노력해봐야 실패만 있을 뿐입니다. 제 삶에 임하신 성령께서 당신이 정하신 목적지로 저를 이끌어가십니다.

하나님이시여, 당신의 이끄심에 성실히 따르게 하소서. 제 주변 사람들이 제 안에서 당신의 일하심을 보게 하소서.

예수님의 이름으로 기도합니다. 아멘.

우리를 안내해주시는 주의 사자

하나님께서 우리보다 앞서 보내시는 이 사자(使者)는 누구인가? 나는 여기서 성령에 대한 상징을 보고 있다고 믿는다. 성령 하나님은 우리에게 그분이 선택하신 곳으로 가라고 지시하며 인도하신다. 우리는 이 성령께 복종해야 하고, 그분이 누구이신지 알아야 하며, 날마다 결단을 통해 그분을 신뢰하는 데까지 이르러야 한다. 하나님께서 우리를 보내기 원하시는 곳에 이르려면, 우리의 길에서 그분이 주시는 것들을 온전히 받아야 한다. 이 성령은 모든 것을 아시는 하나님께서 미리 알고 우리를 위해 예비하신 분이시다.

이 사자의 속성 중 몇 가지를 살펴보자. 출애굽기 23장 21절은 "너희는 삼가 그의 목소리를 청종하고 그를 노엽게 하지 말라 그가 너희의 허물을 용서하지 아니할 것은 내 이름이 그에게 있음이니라"라고 말씀한다.

내가 여기서 지적하고 싶은 것은 이 사자가 원수를 인도할 수는 없다는 것이다. 그것은 그분의 목적이 아니다. 그분은 원수를 하나님의 목적지까지 이끌어주지 않으신다. 하나님은 원수에 대한 권세를 그분께 주시지 않았다. 이것을 분명히 믿어야 한다.

또한 이 사자에게 우리 안에 있는 고집, 반역, 불신앙 및 불순종을 눈감아주는 권세는 없다. 오히려 그분은 이런 것들을 모두 다루셔야 한다. 그래서 성경은 "너희는 삼가"(beware of him. 출 23:21)라고 경고한다.

우리를 올바른 길로 데리고 가고 그 길을 계속 가도록 하는 데에 필요한 것들이 그분께 있다. 이것을 잘 설명해줄 수 있는 예로, 의사와 환자의 관계를 들 수 있다. 의사는 환자의 협조 없이는 일할 수 없다. 만일 환자가 의사를 상대로 싸운다면 의사는 그를 치료하는 데 필요한 것들을 행할 수 없다. 의사의 말을 잘 따를 때 환자는 그에게 필요한 도움을 얻는다.

만일 우리가 하나님을 상대로 싸운다면, 만일 우리가 앞서 보냄을 받은 이 사자를 통한 하나님의 인도하심을 가볍게 여긴다면, 멀리 갈 수 없을 것이다. 우리 앞에 놓인 길을 우리 힘만으로는 헤쳐나갈 수 없기에 우리는 안내자가 필요하다.

죄는 하나님이 원하시는 방향에서 벗어나게 한다

이 사자는 그 어떤 것도 눈감아주시지 않는다. 그분은 하나님의 명령을 받기 때문에 우리가 아니라 하나님께 응답하고 보고하신다. 우리가 하나님의 사자를 파견한 것이 아니다.

그분은 우리 삶 속에서 우리 계획이 아니라 하나님의 계획을 이루신다.

그렇다면 "우리가 죄를 지으면 어떻게 되는가?"라고 묻지 않을 수 없다. 우리가 탕자처럼 죄를 인정하면 하나님께 용서받을 것이다. 그분의 음성을 따르고 그분께 순종한다면 죄가 우리와 하나님 사이를 가로막을 수 없다.

이스라엘의 역사는 하나님께서 그들의 죄를 용서하셨다는 것을 분명히 말해준다. 그들의 역사를 보자. 이스라엘의 한 세대가 그분의 뜻에 따라 행하였고 하나님은 기뻐하셨다. 그러나 그다음 세대는 그들의 뜻대로 선택한 삶을 살았고 그 때문에 그분의 진노를 경험했다. 어떤 이유에서인지 그들은 하나님의 길을 거부하고 자기들의 길을 가려 했다. 이에 대해 성경은 "사람마다 자기 소견에 옳은 대로 행하였더라"(삿 17:6)라고 지적한다.

이런 것은 신약에서도 발견된다. 신약시대에 교회들은 처음에는 올바른 방향으로 나아갔지만, 이내 자기 뜻대로 결정을 내리고 자기들의 길을 가려 했다. 바울서신의 대부분은 교회들이 이런 잘못을 중지하고 180도 회전하여 주 예수 그리스도를 다시 따르도록 하기 위해 쓰였다.

이런 일은 오늘날에도 일어난다. 우리는 주변의 세상 문화를 인정하려고 애쓰는데 그것은 아무런 양심의 가책 없이 세상 문화를 교회 안으로 끌어들이기 위해서이다.

죄는 우리가 하나님께서 원하시는 방향으로 가지 못하도록 막지만, 죄를 회개했을 때는 그렇지 않다. 죄는 이스라엘의 역사와 교회의 역사 속에서 큰 장애물이었고, 현재 각 그리스도인의 개인적 역사에서도 그렇다.

하나님은 회개한 자의 실패를 회복시키신다

하나님은 인간의 불완전함 때문에 놀라지 않으셨다. 그분의 모든 계획은 만일의 경우까지 충분히 고려하여 세워졌다. 그러므로 인간이 실패한다 해도 그분은 놀라지 않으시며, 이미 그 해결책을 갖고 계시다. 그분이 인간의 불완전함을 고려하지 않으셨다면 그분의 계획들은 실패로 끝났을 것이지만 그것은 상상도 할 수 없는 일이다. 오히려 인간의 불완전함은 그분의 은혜를 증명해준다.

야곱과 그의 실패들을 생각해보라. 그는 누구보다도 실패를 많이 한 사람이지만, 그는 회개했고 하나님은 그를 회복시켜 주셨다. 우리 삶을 정말 변화시키는 것은 하나님에 의한 회복이다. 야곱은 꿈속에서 꼭대기가 하늘에 닿은 사닥다리를 보았고, "여호와께서 과연 여기 계시거늘 내가 알지 못하였도다"(창 28:16)라고 말했으며, 이 사건은 그의 삶을 완전히 바꾸어 놓았다.

구약의 욥기에서 욥은 "보소서 나는 비천하오니 무엇이라 주께 대답하리이까 손으로 내 입을 가릴 뿐이로소이다"(욥 40:4)라고 말한다. 그러나 그것이 그의 끝은 아니었다. 그가 견딜 수 없는 고난을 겪을 때 누구도, 심지어 그의 아내도 그의 편에 서지 않았다. 그러나 욥은 "그가 나를 죽이실지라도 나는 그를 신뢰하리라"(욥 13:15, 개역개정판 한글성경에는 "그가 나를 죽이시리니 내가 희망이 없노라"라고 번역되어 있다 - 역자 주)라고 말했다. 이것은 하나님을 따를 때 그의 불완전함이 전혀 문제 되지 않는다는 것을 그가 깨달았음을 말해준다. 하나님은 그의 삶의 모든 실패를 초월하실 수 있었다.

하나님께 "내 생명을 거두시옵소서"(왕상 19:4)라고 기도한 엘리야의 경우도 그러하다. 이런 기도를 드린 엘리야도 나중에는 수레의 호위를 받으며 하늘로 올라가는 장관을 보여주었다(왕하 2:11). 엘리야에게도 문제들은 있었지만 '회개하지 않는 마음'이라는 문제는 없었다. 그는 회개하고 하나님께 돌이겼으며, 그를 사용하실 기회를 하나님께 드렸다.

신약성경을 보면, 베드로가 예수님을 가리켜 "내가 그를 알지 못하노라"(눅 22:57)라고 말했던 것이 기록되어 있다. 분명히 이 일은 예수님의 마음을 갈래갈래 찢어놓았을 것이다. 베드로는 예수님의 공생애 동안 온전히 그분과 모든 시간을 보냈지만, 정작 가장 중요한 순간에는 그분을 부인했다. 그러나 그것이 끝은 아니었다. 비록 주님을 부인했지만 마음을 완전히 돌이켜 죄를 고백하고 회개한 그는 그 당시 교회의 지도자로 복귀하였다. 오순절에 시작된 성령의 일하심은 오늘날에도 계속되고 있는데 그때 설교한 사람이 베드로이다.

하나님의 은혜는 우리의 불완전함과 연약함과 실패에서 우리를 구할 뿐만 아니라 그분의 성품과 본성을 반영한다. 그분의 은혜가 우리의 연약함을 반영하는 것은 아니다.

하나님은 죄를 기꺼이 용서하기 원하신다

독일의 신학자 마이스터 에크하르트(Meister Eckhart: 1260-1327)는 수백 년 전에 이렇게 썼다.

"하나님은 당신의 행동이 아니라 오직 당신의 사랑을 보시며, 당신의 행위 뒤에 있는 헌신과 의지(意志)를 보신다. … 그분은 우리가 매사에 그분을 사랑하는지에 대해서만 관심이 있으시다."[1]

지극히 중요한 점은 성경에 이런 솔로몬의 말이 기록되어 있다는 것이다. "하나님께서 행하시는 모든 것은 영원히 있을 것이라 그 위에 더할 수도 없고 그것에서 덜할 수도 없나니 하나님이 이같이 행하심은 사람들이 그의 앞에서 경외하게 하려 하심인 줄을 내가 알았도다"(전 3:14).

하나님은 우리가 죄를 회개하고 그분의 용서를 가슴 벅차게 느끼게 되는 순간을 학수고대하신다. 그분은 아무리 많은 죄를 지은 사람이라 할지라도 기꺼이 자비를 베푸신다. 그 사람이 진정으로 회개하기만 한다면.

바다의 넓음같이
하나님의 자비는 넓도다
하나님의 공의 안에 인자가 있으니

---

[1] 레이몬드 버나드 블래크니 역, 《마이스터 에크하르트: 현대의 역본》(New York: Harper & Row Publishers, Incorporated, 1941), 22, https://archive.org/details/in.ernet.dli.2015.65849.

자유보다 큰 것이로다

이 땅의 슬픔을 저기 하늘에서만큼

깊이 느끼는 곳은 없도다

이 땅의 실패에 대해 저기 하늘에서만큼

관대한 심판을 내리는 곳도 없도다

_프레더릭 윌리엄 페이버(Frederick William Faber)

〈하나님의 자비는 넓도다〉

CHAPTER
05

신앙과 불신앙은 **어떻게 다른가**

우리 아버지시여,

기도하오니 제가 당신 앞에서 회개하게 하소서. 제가 세상의 일들에 마음을 빼앗겼다면 그것을 회개합니다. 사라져버릴 것들에 집착한다면 그런 마음을 자백할 것입니다.

오, 주여, 저를 용서하시고 깨끗케 하시고 씻으소서. 그리하시면 자격은 없지만 믿음은 있는 제가 마음의 평온을 유지하며 당신을 기다리는 중에 당신의 선물을 받게 될 것입니다.

예수님의 거룩한 이름으로 기도합니다. 아멘.

하나님나라 법의 작동을 막는 불신앙

출애굽기 23장에서 하나님은 영적 법들에 대해 모세에게 자세히 말씀하시는데, 그 법들은 이스라엘 민족이 그분이 인도하실 곳에 이르기 위해 반드시 필요한 것이었다. 우리는 이 법들이 하나님나라의 곳곳에서 어떻게 작용하는지를 반드시 알아야 한다. 하나님은 결코 변하지 않으시며 그분의 법들도 변하지 않는다는 것을 명심하라.

물론 구약시대에 유대의 지도자들이 하나님의 뜻을 행하는 데 전혀 도움이 안 되는 온갖 종류의 법들을 가외로 사람들의 어깨에 얹어놓았던 것은 사실이다. 그것들은 하나님의 뜻을 오히려 모호하게 하였고 어느 정도의 혼란을 초래했다.

오늘날 우리도 과거의 유대 지도자들과 같은 죄를 범한다. 복음을 믿는다는 우리 교회들에도 그분의 나라를 위해 주어진 율법과 전혀 양립할 수 없는 법들이 존재한다. 신자로서 내가 할 일은 하나님의 말씀 안에서 그분을 만나는 것이고, 나와 그분과의 관계를 방해하는 것들을 모두 내 삶에서 제거하는 것이다. 하나님의 목적을 이루어드리려면 우리를 위해 정해진 하나님나라의 기본적인 법들로 돌아가야 한다.

우선 가장 먼저는 불신앙이 어떤 결과를 초래하는지를 똑

바로 알아야 한다. 불신앙 때문에 영적인 법들, 즉 그분 나라의 법들이 작동하지 못한다. 우리가 하나님을 부분적으로만 믿는다면 그분이 본래 의도하셨던 그분의 법을 가로막게 되고, 그러면 우리의 영적 진보가 방해를 받는다. 하나님이 우리를 위해 정하신 법을 따르지 않고 대신 사람들이 정한 법을 따르는 것은 우리의 진보를 저해하고, 우리를 그분이 인도하시는 방향에서 벗어나게 한다.

불신앙은 또한 주님의 인도를 방해한다. 내가 지금 하나님을 믿지 않는다면 그분의 인도를 받고 있는 것이 아니다. 내 불신앙은 그분이 내 삶에서 행하기 원하시는 것에 먹구름을 드리울 것이다. 이것은 너무나 오랫동안 목적 없이 방황하다 낙심해 있는 많은 그리스도인들이 반드시 알아야 하는, 매우 중요한 점이다. 우리는 깨어나 하나님의 부르심을 듣고 하나님나라의 법들을 보아야 하며, 그분이 우리를 두기 원하시는 곳으로 돌아가야 한다.

믿는다고 말하면서 믿지 않는 불신앙

신앙이라는 용어를 어떻게 정의할 수 있을까? 사람들은 신앙과 불신앙에 대해 이런저런 얘기를 하는데, 나는 오늘날 소

위 교회라는 곳에서도 불신앙이 발견된다는 사실을 강조하고 싶다.

불신앙은 신자들을 하나님의 약속들에서 갈라놓는다. 만일 당신이 그들에게 묻는다면 그들은 그분이 말씀하신 것에 대해 찬성을 표하면서, 겉으로는 "나는 그분의 약속들을 모두 믿습니다"라고 말할 것이다. 그러나 그들 마음속의 불신앙은 "그분의 약속들은 내가 아닌 누군가 다른 사람, 여기가 아닌 다른 어떤 곳, 지금이 아닌 다른 어떤 때를 위한 말씀이야"라고 속삭일 것이다. 불신앙은 언행을 고치기를 회피하면서, 말씀이 자기에게는 적용되지 않는다고 말한다.

불신앙은 "지금이 아니고 다른 어떤 때를 위한 말씀이야. 물론 이것이 하나님의 말씀인 것은 맞지만, 그분이 말씀하신 후 이런저런 것들이 바뀌었기 때문에 오늘날 우리에게는 적용되지 않아"라고 말한다. 불신앙의 사람들은 하나님의 말씀을 믿지만, 그 말씀이 바로 지금을 위한 말씀이라고 믿지는 않는다.

불신앙은 말한다. "여기가 아니고 다른 어떤 곳을 위한 말씀이야. 물론 나는 하나님의 약속들을 믿지. 하지만 그것들이 여기에는 적용되지 않아. 우리는 그분이 말씀하셨던 곳과는 다른 곳에 살고 있어서 그 약속들하고는 상관없어. 그것들이 이스라엘과 가나안에는 해당되지만 나는 가나안에 있는 게 아니야."

불신앙은 또 말한다. "내가 아니고 다른 사람이야. 나는 약속들을 믿지만 그것들은 나를 위한 것이 아니야. 어떤 약속들은 내게 적용되지 않기 때문에 그분의 말씀에 순종할 필요가 없어."

하나님의 약속들과 하나님나라의 법들을 믿지 않는다고 말하는 사람을 찾기는 쉽지 않을 것이다. 그들은 분명히 믿는다. 하지만 그들의 삶 속에는 불신앙의 요소가 있다. 불신앙의 사람들은 모든 약속을 믿지만, 그 약속들이 자기가 아닌 다른 어떤 사람, 여기가 아닌 다른 어떤 곳, 그리고 지금이 아닌 다른 어떤 때를 위한 약속들이라는 전제 아래 믿는다. 하나님의 말씀은 진리이지만 지금 그들의 삶과는 관계없다고 믿는다.

불행하게도 이런 불신앙이 사람들을 지배하고 있다. 많은 복음주의 교회에서 많은 사람들이 이런 불신앙을 따르고 있으며, 그래서 많은 이들이 목적 없이 방황하면서 하나님의 나라를 위해 아무 열매도 맺지 못한다.

신앙과 불신앙은 다르게 말한다

여기서 아주 절박하게 답해야 할 질문은 "신앙이 불신앙과 어떻게 다른가?"라는 것이다.

그 차이는 아주 단순하다. 신앙은 "다른 어떤 때에 적용되는 진리라면 왜 지금은 적용이 안 되겠는가?"라고 말한다! 이것은 매우 중요하다. 하나님이 어떤 다른 때를 위해 말씀하셨다면 그 말씀이 지금도 적용되어야 하지 않는가? 믿음은 그 말씀이 바로 지금 나에게 적용된다고 강조한다.

신앙은 또한 "어떤 다른 곳을 위한 말씀이 왜 바로 여기에는 적용되지 않겠는가? 어디에서나 선한 말씀이라면 지금 내가 서 있는 여기에서는 왜 선한 말씀이 못 되겠는가?"라고 말한다.

신앙은 "다른 어떤 사람을 위한 말씀이라면 왜 나를 위한 말씀은 안 되는가? 하나님은 다른 어떤 사람을 위해 이루신 일을 나를 위해서도 이루실 수 있다"라고 말한다.

신앙은 방정식(方程式)에서 '나'를 빼고 그 중심에 하나님을 앉혀드린다. 하나님께서 말씀하신 것이라면 반드시 진리이고, 그것이 진리라면 지금도 진리이다. 그 말씀이 어떤 다른 이에게 진리라면 나에게도 진리이다. 그러나 지극히 유감스럽게도, 우리에게는 성경 구절을 취하여 문법적으로 요리조리 분석한 다음에 '이것'을 '저것'으로 왜곡하는 나쁜 버릇이 있다.

불신앙과 신앙의 차이를 반드시 알아야 한다. 우리보다 앞서 보내심을 받은 이 사자를 따르려면, 하나님께서 우리를 위해 무엇을 예비하셨는지 알아야 한다. 그분의 계획을 이해하든지 못하든지 간에 그분을 믿고 의지하면, 그분이 정하신 목적지로 향하는 길에 서게 된다.

기본적으로 두 종류의 그리스도인이 있다. 하나는 진리를 믿는 사람이고, 다른 하나는 진리를 믿지 않는 사람이다. 이 둘의 차이는 너무 크다.

신앙을 질식시키는 불신앙의 잡초가 있다. 우리는 우리 삶에서 그 잡초를 찾아 뿌리 뽑아야 한다. 나보다 앞서가시는 사자는 내가 내 삶 속에 숨어있는 불신앙의 모든 요소에서 멀어지도록 인도하실 것이다.

날마다 큰 빚쟁이가 될 수밖에 없는
저에게 은혜를 베푸소서
당신의 선하심이 저의 이 방황하는 마음을
마치 족쇄처럼 당신께 붙들어 매게 하소서

방황하기 쉬운 저의 마음을, 주여, 제가 느끼나이다

제가 사랑하는 하나님을 떠나려는 이 마음을

여기 저의 마음이 있사오니, 취하여 봉하소서

당신의 하늘 궁전을 위해 제 마음을 봉하소서

_로버트 로빈슨(Robert Robinson)

〈복의 근원 강림하사〉(새찬송가 28장)

CHAPTER 06

약속의 성취는 순종에 달렸다

오, 하나님의 아들이시여!

지극히 거룩하시고, 이 땅에 태어나시고, 십자가에 못 박히시고, 부활하시고, 장차 다시 오실 분이시여! 당신께 간구합니다. 우리 마음과 생각 속의 거룩하지 못한 모든 것, 주의 성령의 일하심을 방해하는 부정적인 모든 것을 꾸짖으소서.

오, 쉐키나(Shekinah)가 오늘날 보이게 하소서. 쉐키나가 각 사람의 거처 위에 머물러 주님이 하나님이심을 드러내게 하소서. 당신이 거룩하시듯 우리도 거룩하게 하시고, 우리 마음이 복종과 믿음을 통해 당신께 순결하게 하소서.

간절히 구하오니, 우리가 구한 모든 것에 대해 우리 주 그리스도 안에서 응답해주소서. 아멘.

순종은 약속의 전제이자 실행

순종은 나와 하나님과의 관계에서 중요한 측면이다. 출애굽기 23장 22절에서 그분은 "네가 그의 목소리를 잘 청종하고 내 모든 말대로 행하면 내가 네 원수에게 원수가 되고 네 대적에게 대적이 될지라"라고 말씀하신다.

우리가 하나님의 음성에 순종하고 그분의 모든 말씀대로 행하면 그분이 우리의 힘과 반석이 되신다는 것이 그분의 약속이다. 그러나 그렇다고 해서 미끄러지거나 실패하거나 불순종하거나 일시적으로 신앙을 버린 사람들이 그분의 이 약속에서 완전히 배제되는 것은 아니다. 우리 모두 때때로 실패한다. 본래 가던 길에서 이탈한 사람들도 죄를 고백하고 회개하면 본래의 길로 다시 돌아갈 수 있다.

하나님은 실수한 사람들에게서 자격을 박탈하지 않으시고, 오히려 "네가 돌아와 내 음성에 순종하면 내가 네 힘이 될 것이다"라고 말씀하신다. 그분의 음성을 듣고 순종한다면 하나님은 우리의 타락, 부패, 연약함 그리고 육신에도 불구하고 우리의 자격을 박탈하지 않으신다. 여기서 항상 중요한 것은 순종이다.

우리의 원수는 사탄과 죄와 우리 주변의 세상이다. 그런데 이런 원수들을 이기려고 할 때 우리 힘으로는 이길 수 없다. 우리 힘으로 이기려고 하면 반드시 넘어지기 때문이다.

그리스도인의 삶에는 항상 원수의 저항이 있다

온갖 속이는 능력을 가진 사탄도 하나님을 이길 수는 없다. 창세 이후로 그분을 이기려고 시도해 왔지만 그럴 수 없었다. 마찬가지로 인간도 무슨 수를 쓰더라도 그분을 이길 수 없다. 그분의 모든 속성은 완전하며, 그분이 행하시는 모든 것은 그분의 완전함과 아름다움과 영광의 진수(眞髓)를 보여 준다.

이스라엘 민족은 아무 저항도 받지 않고 약속의 땅에 들어갈 것이라고 기대하지 않았다. 그들이 약속의 땅에 발을 들여놓았을 때 전쟁은 시작되었으며 그 후 줄곧 계속되었다. 여호수아가 그들을 승리로 이끌 수 있었던 것은 하나님께서 그들의 원수에게 원수가 되시고 그들의 대적에게 대적이 되신다고 약속하셨기 때문이다.

이것은 오늘날 우리에게도 그대로 적용된다고 믿는다. 그리스도인으로서 세상을 살아갈 때 저항에 부딪히지 않는다는 것은 불가능하다. 세상에는 기독교를 대적하는 세력이 너무 많다. 처음부터 그랬다.

존 폭스(John Foxe: 1516/17-1587. 잉글랜드의 역사가)의 《기독교 순교사화》를 읽어보면 하나님의 사람들이 남녀를 불문하고 사탄과 세상과 주변의 모든 것에게 저항을 받았음을 알게 될 것이다.

그리스도인으로서 살아가다가 만일 내가 극심한 저항에 부딪혀 점점 약해지고 결국 사라진다면, 그 이유는 그런 저항이 있을 것과 나의 진짜 원수가 사탄이라는 것을 깨닫지 못했기 때문이다.

사탄은 모든 면에서 우리를 대적하기 위해 작업하는데 슬프게도 대부분 그는 성공을 거둔다. 그가 귀신들과 다른 사람들과 상황을 통해 펼치는 저항은 너무 강해서 우리가 혼자의 힘으로는 이길 수 없다. 이 원수에게 맞서 싸울 방법이 우리의 육신에서는 발견되지 않는다.

그러나 하나님께서 개입하시는 싸움에서는 사탄이 그분을 이길 수 없다. 다윗은 이것을 잘 알았던 사람인데 그가 골리앗에게 맞서 싸울 때 그랬다. 다윗과 골리앗 두 사람 중에서 더 강한 사람은 물론 골리앗이었다. 이 작은 소년 다윗이 그런 원수를 물매로 이긴다는 것은 불가능했다. 그러나 그는 골리앗과의 싸움에서 자신의 힘에 의지하지 않고 여호와의 이름으로 나아갔다.

하나님은 그분을 우리와 완전히 동일시하신다. 그분은 우리를 창조하셨고 우리 주변의 모든 것을 지으셨으며 우리가 어떤 난관에 처해 있는지 정확히 아신다.

원수와 대적

영적 혼란을 피하기 위해서 우리는 원수(enemy)와 대적(adversary)의 차이를 이해할 필요가 있다.

원수가 우리에게 적대적인 존재이지만, 일시적으로 활동을 멈추고 있을 수 있다. 저 밖에 우리의 원수가 있지만, 그는 지금 우리를 공격하거나 우리에게 저항하지 않고 그냥 저 밖에 있을 뿐이다.

하지만 대적은 다르다. 대적은 현재 우리와 싸우는 존재이다. 하나님은 우리가 그분을 따르면 우리의 대적이 그분의 대적이 된다고 말씀하셨다. 대적이 우리를 이길 수는 있으나 하나님을 이길 수는 없다. 그분은 강하시다. 그분이 우리의 원수에게 맞서시면 게임은 끝난 것이다.

그리스도인의 삶에서 승리는 우리의 순종에 달렸다. 그분께 순종하는 것이 얼마나 중요한지는 아무리 강조해도 지나치지 않다. 그분께 완전히 순종하기 위해서는 성령의 지도 아래 하나님의 말씀에 푹 잠겨야 한다.

매일의 삶을 살아가면서 우리는 자주 원수에게 초점을 맞춘다. 물론 그것이 잘못된 것은 아니지만, 문제는 원수가 일시적으로 활동을 중단하고 휴면기에 들어가 있을 수도 있다는 것이다. 우리는 원수가 활동하지 않는 것에 만족하고, 대적이 저 밖에 있다는 사실에 주목하지 않는다. 그 대적은 우리를 이기려고 활동 중인 원수이다.

그리스도인들이 원수들과 싸운다고 말하는데 실은 원수들과 싸우는 것이 아니라 그리스도인들끼리 싸우는 것을 나는 너무도 자주 본다! 내가 들려주고 싶은 조언은 예배 시간에 당신 옆에 앉아 있는 사람이 당신의 원수가 아니라는 것이다.

나의 순종은 하나님에 대한 나의 충성에 기반을 둔다. 하나님에 대한 나의 충성을 이해할 때 나는 원수나 대적에게서 나를 보호하는 하나님의 속성들이 내 삶 속으로 흘러들어오는 것을 보게 된다.

하나님을 온전히 따르기 시작하면 나는 위험한 상황에 처하게 된다. 그러나 내 상황이 점점 더 위험해질수록 나는 그분이 나를 이끄시는 영적 세계로 점점 더 깊이 들어가게 된다. 이것은 원수를 상대하든 대적을 상대하든 마찬가지이다.

낮에는 구름 속에서, 밤에는 불 속에서 내 피난처가 발견된다. 내 위에 구름이나 불이 있는 동안에는 원수가 무슨 짓을 해도 나는 안전하다. 왜냐하면 구름 속과 불 속에 내 안전이 있기 때문이다.

그러나 모든 것을 제단에 올려놓기 전에는
그분의 사랑의 즐거움을 맛보지 못하리
그분이 보여주시는 호의와
그분이 허락하시는 기쁨은
신뢰하고 순종하는 사람들을 위한 것이라네

_존 H. 사미스(John H. Sammis)
〈예수 따라가며〉(새찬송가 449장)

A CLOUD BY DAY,
A FIRE BY NIGHT

PART 2

싸워서
취할 땅으로

CHAPTER
07

원수를 분별하고
맞서 싸우자

오, 하늘의 아버지시여!

인간적 자신감, 자기의존, 오만, 교만, 미친 쾌락 추구, 사치품 사랑으로 가득 찬 불신앙의 세계에서 우리가 돌아서게 하소서. 주께 기도하오니 마음뿐 아니라 행동으로도 이 모든 것에서 돌아서고, 대신 당신의 아들 예수 그리스도께 향하게 하소서. 우리는 주님이신 그분이 필요합니다. 그분은 세상을 위해 생명을 내어주셨습니다. 그러지 않으셨다면 지금 우리는 공허 속에 있을 것입니다.

우리를 예수 그리스도께 데려가소서. 그분은 영원한 빛과 평안과 기쁨과 끝없는 세계를 드러내는 당신의 찬란한 근원이십니다. 우리가 전진할 때 복을 주소서.

예수 그리스도의 이름으로 구하나이다. 아멘.

원수를 어떻게 다룰 것인가

그리스도인으로서 우리가 생각해볼 아주 중요한 문제 두 가지는 우리의 원수가 누구냐는 것과 원수를 어떻게 대하느냐 하는 것이다.

우선은 누가 원수인지 식별하여 그들이 친구가 아니라 원수라는 것을 확실히 해야 한다. 그다음에 우리가 어떻게 해야 하는지는 말씀이 가르쳐준다. "내가 내 위엄을 네 앞서 보내어 네가 이를 곳의 모든 백성을 물리치고 네 모든 원수들이 네게 등을 돌려 도망하게 할 것이며"(출 23:27).

바로 이 말씀이 원수를 어떻게 다루어야 하는지를 보여주는 기본원리이다. 종종 신앙인들은 자기 힘으로 원수가 두려워하게 하려고 든다. 예를 들면 자신을 과대포장하거나 위엄 있어 보이는 표정을 짓거나 자신을 방어한다. 자기주장을 길게 늘어놓거나 이곳저곳에 편지를 쓰거나 때로는 모욕당한 사람처럼 행동한다. 그러나 그런 것들은 아무 소용없다. 우리가 무슨 말을 하고 무슨 행동을 해도 원수는 겁먹지 않는다. 오히려 우리의 면전에서 비웃는다.

하나님은 "내가 너를 위해 일하고 있다. 너 대신 싸우겠다. 네 원수를 내 원수로 삼을 것이니 그는 나를 상대해야 할 것이다"라고 말씀하신다. 이 말씀은 우리 마음속에서 영광의 할렐루야를 울려 퍼지게 할 것이다. 왜냐하면 당신도 잘 알다시피 그분이 개입하시면 이미 게임은 끝난 것이기 때문이다. 원수가 하나님을 이길 수 있겠는가? 만일 원수가 나를 상대해야 한다면 아주 쉽게 나를 제압할 것이다.

흔히 사람들은 다른 사람에게 "내가 너를 도와줄게"라고 말하곤 하는데, 실제로 그렇게 하는지는 상황에 따라 지켜질 수도 있고 아닐 수도 있다. 그러나 하나님께서 그렇게 말씀하신다면, 두고 볼 필요도 없다. 하나님은 아주 오랫동안, 영원히 그 말씀대로 하신다. 하나님의 행하심은 그분의 지식과 지혜와 능력에 근거하여 이루어진다. 우리는 우리의 지식과 지혜와 능력에 근거하여 행동하는데, 이는 무한한 하나님의 능력에 비하여 아주 제한적이다.

그리스도인이 되는 것의 큰 장점 중 하나는 올바른 편에 서서 살아간다는 것이다. 올바른 편에 서면 우리 자신이 아닌 다른 어떤 분이 우리를 책임지신다. 그분은 물론 하나님이시다. 그분께 삶의 통제권을 넘겨드리는 순간 우리의 대적은 도망하지 않을 수 없다. 그분은 모든 원수가 "등을 돌려 도망하게" 하실 것이다. 하나님께서 그들과 우리 사이에 서서 그들의 마음에 두려움을 심어주시기 때문에 원수와 대적은 우리 앞에 설 수 없다. 이것은 그들이 물리치거나 저항할 수 없는 신비하고 비밀스러운 두려움이다.

낮에는 구름이, 밤에는 불이 그들과 우리 사이에 설 것이다. 이런 생각을 하니 가슴이 벅차오르지 않는가! 하나님께서 일하기 시작하시면 그들은 설명할 수 없는 두려움에 빠진다. 원수와 대적은 우리를 두렵게 할 수 없다.

우리는 하나님께서 모든 상황을 통제하신다는 것을 알아야 한다. 그들이 하나님에게 맞서는 것은 심히 두려운 존재, 즉 '심판과 멸망의 주님'에 맞서는 것이다. 그분이 그들의 마음에 두려움을 불러일으키실 때 그들의 힘은 그분 앞에서 가루가 되고, 그들은 등을 돌려 도망할 것이다.

스스로 방어하려 하지 말라

이제 나는 이것을 묻고 싶다. 대적이 우리 삶에서 어떻게 패하여 멸망하는가? 우리에게 닥치는 모든 일을 우리가 어떻게 처리할 수 있는가? 내가 볼 때 우리가 할 수 있고 또 해야 하는 것이 하나 있는데, 그것을 당신에게 얘기해주고 싶다.

내가 지금 말해주는 서약을 깊이 생각해보고 받아들이기 바란다. 당신 자신을 스스로 방어하지 않겠다고 맹세하고 평생 그 맹세를 지켜라.

우리는 자신을 방어하기를 좋아한다. 복수하기를 좋아한다. 일어나서 자기 얘기를 하고 증언하기를 좋아한다. 그러나 우리는 자기변호를 포기하는 자리까지 나아가야 한다. 우리는 매우 제한이 있기 때문에 원수를 이길 수 없다. 그러나 하나님이 우리의 보호자가 되시도록 한다면 원수는 완전히 패배할 것이다. 하나님은 당신을 방어해주실 것이다.

그러나 당신이 스스로 지키겠다고 하면 하나님은 그렇게 하도록 두실 것이다. 당신이 원수에게 맞서도록 놔두실 것이다. 그렇게 스스로 해본 사람들이 우리 중에 아주 많은데, 그 결과가 어떠했는지는 잘 아는 바와 같다.

우리는 하나님께서 우리 편에 서서 우리를 도우신다는 것을 알아야 한다. 이제 내 원수와 대적이 그분의 원수와 대적이고, 그분은 그들을 어떻게 처리해야 할지 아신다.

자신을 스스로 방어하지 않고 모든 상황을 그분께 맡겨드리겠다고 맹세하라. 아마 나처럼 당신도 원수 앞에서 당혹감과 굴욕감을 느끼게 될까 봐 두려워할지도 모르겠다. 그러나 하나님이 우리 편이시라면 두려워할 필요가 없다. 내 경우를 얘기하자면, 처음에는 내가 굴욕감을 느꼈지만 결국에는 원수가 패배한 경우가 많았다. 나는 오직 현재만 생각하지만 그분은 영원까지 다 알고 계신다. 당신을 지키고 원수를 패배시킬 능력과 힘과 지혜를 가지신 하나님을 믿고 의지하면, 이제까지 맛보지 못한 승리를 거둘 것이다.

원수를 분별하고 하나님께 순종하라

지극히 유감스럽게도, 우리가 원수를 마치 친구처럼 품에 안을 때가 너무 많다. 원수는 자기가 친구인 것처럼 우리를 속이는 데 성공했는데, 이것은 우리가 마땅히 부끄러워할 일이다. 이스라엘의 가나안 정복 이야기를 끝까지 읽어보면, 그들이 원수를 받아들였기 때문에 실패했다는 것을 알 수 있다. 하지만 우리는 그 이야기를 끝까지 읽어보지도 않는다.

원수를 받아들였기 때문에 이스라엘은 상당한 대가를 치렀다. 이스라엘처럼 한다면 우리도 상당한 대가를 치를 것이다. 우리는 누가 정말 원수인지 분별할 수 있어야 한다. 원수를 분별할 지혜를 주실 분은 오직 성령이시므로, 우리가 그분과 함께 일한다면 그분께 지혜를 얻을 것이다.

원수를 물리치는 핵심적인 요소는 하나님께 순종하는 것이다. 나 스스로 방어하지 않겠다고 맹세하면 어떤 어려움이 닥쳐도 그것을 지켜야 한다. 내 힘으로 문제를 해결해 나갈 수 있다고 생각하면 시작도 하기 전에 패배할 것이다.

나 스스로 방어하지 않겠다고 맹세하는 것은 원수에 맞서 싸울 능력이 내게 없다는 것을 인정하는 것이다. 그러나 그렇게 인정하고 싶지 않은 것이 기본적인 심리이다. 우리는 우리가 모든 상황을 처리할 수 있다고 믿고 싶어 한다.

이스라엘의 경우에서 보듯이, 하나님의 계획은 우리를 영광스럽게 하는 것이 아니라 우리를 통해 그분이 영광 받으시는 것이다. 이것을 마음에 새기자. 그분의 계획을 이루어드리는 유일한 방법은 주 예수 그리스도께 내 마음과 삶을 모두 드리는 것이다.

예수님께 모두 바칩니다
모든 것을 그분께 아낌없이 드립니다
언제나 그분을 사랑하고 신뢰할 것입니다

그분 앞에서 날마다 살 것입니다

모두 바칩니다

모두 바칩니다

모든 것을 당신께, 거룩한 내 주여,

모든 것을 바칩니다

_저드슨 W. 반 드벤터(Judson W. Van DeVenter)

〈내게 있는 모든 것을〉(새찬송가 50장)

CHAPTER
08

그 땅의 소산은
들어가야만 누린다

오, 주님.

당신의 교회와 당신의 나라를 사랑합니다. 주 예수님, 우리가 당신의 교회를 위해 기도합니다. 당신의 말씀을 믿는 당신의 백성을 위해 기도합니다. 오늘날 교회를 다시 살리시고, 하나님의 말씀을 위해 싸우는 모든 교파에 부흥을 주시기를 기도합니다. 성령의 인도에 둔감할 때 찾아오는 두려움과 공포에서 우리를 건지소서.

오, 하나님, 우리가 성령의 불을 끄지 않도록 도우소서. 우리는 지혜롭지 못한 자들의 말을 듣고 두려움에 빠져 성령의 능력을 믿지 못했습니다. 오, 하나님, 이것을 회개합니다. 우리를 깨끗이 씻어

눈처럼 희게 하소서. 성령이시여, 우리를 인도하소서. 진리와 능력과 순결의 길을 걷도록 도우소서.

예수님의 이름으로 이것을 구하나이다. 아멘.

약속의 땅에 있어야 약속된 것을 누린다

앞에서 출애굽기 23장 20절을 이미 다루었는데, 이 절의 주요 부분은 "너를 내가 예비한 곳에 이르게 하리니"(출 23:20)라는 말씀이다.

이것이 이스라엘 민족을 향한 하나님의 목적이었다. 하나님은 그분이 약속하신 것을 그들이 소유할 수 있도록 그 땅으로 들여보내려 하셨다. 그들이 이방 땅에 있는 동안에는 그 땅을 그들에게 주실 수 없었다. 당연한 얘기지만, 그들이 애굽에 살 때는 약속의 땅 가나안의 복을 누릴 수 없었다.

이런 영적 원리가 오늘날의 우리에게도 그대로 적용된다고 나는 굳게 믿는다. 하나님은 우리 그리스도인들에게 영광스러운 유업(遺業)을 주고 싶어 하신다. 성경을 연구하면서 구약뿐만 아니라 신약에서도 하나님의 모든 놀라운 약속들을 보게 된다. 그분의 약속들이 그리스도를 따르는 우리에게도 주 예수 그리스도로 말미암아 주어졌다.

그러나 우리가 여전히 악한 땅에 머물러 있으면 하나님은 우리에게 복된 땅을 주실 수 없다. 애굽을 우리의 땅으로 여기고 계속 거기서 방황한다면 그분이 약속하신 것들을 경험할 수 없다. 이 진리를 모르기 때문에 오늘날 많은 이들에게 문제가 있는 것이다. 그들은 악한 땅에서 계속 살면서도 그분의 약속들을 받아 누릴 수 있다고 착각한다. 결코 그럴 수 없는데 말이다!

나온 이유는 들어가기 위함이다

이 한 가지 사실을 알라. 하나님께서 우리를 어떤 곳으로부터(out of) 구해내신 것은 어떤 곳으로 들어가게(into) 하시기 위함이다. 그분이 이스라엘을 애굽에서 구해내신 것은 그들이 약속의 땅으로 들어가도록 하시기 위함이었다.

내가 볼 때, 오늘날의 많은 복음적 그리스도인은 사람들을 '애굽'에서 구해내는 것이 중요하다고 믿으며 그것에 매우 집중한다. 물론 그것은 사실이다. 하나님은 우리를 과거의 죄와 우리의 가장 나쁜 습관들, 그리고 무엇보다도 지옥으로부터 구해내신다. 그리스도께 오는 사람은 그런 구원을 얻는다.

그리고 사람들은 이렇게 생각한다. '이제 나는 그런 것들을 걱정할 필요가 없어. 나는 죽으면 지옥에 가지 않고 천국으로 직행할 테니. 내가 죽으면 어디로 갈지를 아니까 이제 나는 삶을 즐기기만 하면 된다.' 하지만 우리가 어딘가로 들어가기 위해 구원받았다는 것에 대해서는 거의 언급하지 않는다.

그렇다. 우리는 우리가 어떤 곳'으로부터' 구원받았는지 알며, 그것은 얼마든지 기뻐하고 자랑스럽게 여겨도 된다. 하지만 그 기쁨은 일시적인 것이다. 우리는 어떤 곳'으로' 들어가기 위해 구원받았다는 것을 알아야 한다.

어떤 곳에서 나왔다고 해서 다른 곳으로 자동적으로 들어가는 것은 아니다. 애굽에서 나오자마자 장막을 치고 "자, 이제 목적지에 도착했다"라고 말하지 않는다. 진리는 우리가 어떤 곳으로부터 구원받았을 뿐만 아니라 어떤 곳으로 들어가기 위해 구원받았다는 것을 강조할 때 비로소 그 능력을 발휘한다. 어딘가로 들어가기 위해 구원받았다는 것을 제대로 알 때 그 방향으로 가겠다는 동기부여가 더 잘 될 것이다.

그리스도인들은 자기가 들어본 적이 없는 땅으로 들어가려고 애쓰지 않을 것이다. "처음 들어보는 곳에 내가 어떻게 갈 수 있겠어요?" "그게 뭐죠?" "거기에는 어떻게 가나요?"

증거는 아주 눈에 잘 띈다. 성경학자 윌리엄 리드 뉴엘

(William Reed Newell)이 그의 로마서 주석에 썼듯이 현재의 기독교는 썩어가는 기독교, 아니 머리끝부터 발끝까지 썩은 기독교이다.[2] 나는 그의 말에 전적으로 동의한다.

약속의 땅은 하나님께서 선물로 주신 영적 유업이다

이 약속의 땅은 무엇인가? 하나님께서 우리 앞에 두신 것은 무엇인가? 어떻게 하면 그분의 모든 복으로 가득 찬 그 땅에 들어가 그분이 약속하신 것들을 전부 얻을 수 있는가? 약속의 땅 안에 있는 것들은 하나님 마음의 선하심으로부터 나온 것들로서 그분이 우리를 위해 선택하신 것들이다. 이 약속의 땅은 그분의 맹세와 언약으로 얻은 것이다. 하나님의 모든 무한한 자원이 그분의 언약 뒤에 있다. 그분이 약속하신 것을 틀림없이 주실 수 있는 것은 그분이 하나님이시기 때문이다.

그분이 약속하신 것은 개발을 기다리고 있는 원시의 땅이 아니다. 이 가나안 땅은 이스라엘이 들어와 그들의 입맛에 맞게 고치고 개발할 때를 기다리고 있지 않았다. 아니, 그 땅은 그것을 얻을 준비가 온전히 된 그분의 백성을 위해 그분이 이

---

[2] 윌리엄 R. 뉴엘, 《Romans Verse-by-Verse》(Grand Rapids, MI: Kregel Publications, 1994), 82, https://books.google.com/books?id=JjkeUll7jBwC.

미 준비하신 땅이었다(신 6:10,11 ; 수 24:13).

　이것은 그분이 그분의 일을 흠 없고 점 없는 온전한 의(義) 가운데 행하실 수 있었다는 것을 우리에게 가르쳐준다. 그분이 우주의 주권자이시기 때문에 만물은 그분의 뜻대로 처분될 수 있는 그분의 것이다.

　구약으로 돌아가 이스라엘이 애굽에서 가나안으로 갈 때를 보자. 가나안의 족속들은 도덕적 전염병 같은 존재였고 그 땅에서 살 권리를 잃었다. 이제 하나님은 이스라엘이 그 땅으로 들어가 그분이 그분의 성품과 본성에 근거하여 약속하신 것들을 유업으로 받도록 허락하셨다. 그들은 약속의 땅을 만드는 것이 아니라 그저 그 땅으로 들어가는 것이었다.

　그리스도인으로서 우리는 우리의 영적 유업이 하나님의 선물이라는 것을 기억해야 한다. 그분은 언약을 통해, 또 그분의 권위를 통해 유업을 주신다. 그분은 그분의 주권적 호의와 선하심에 근거하여 하늘 보화의 문을 우리에게 열어주셨다.

　그분이 우리를 위해 예비하신 것은 '우리가 누구인가'가 아니라 '그분이 누구이신가'에 근거를 둔다. 그분이 선하시기 때문에 모든 피조세계, 그분의 형상 그리고 그분의 놀라운 품성이 우리에게 주어졌다. 성경, 구주, 성령, 승리 그리고 인도하심이 우리에게 허락되었다. 이 모든 것이 믿는 자인 우리 앞에 있는 그 땅의 열매이다.

이것 중 하나님이 그분의 영광에 이르지 못하도록 하신 것은 하나도 없다. 그러므로 우리가 영적 유업을 받을 때는 그분이 기뻐하시는 가운데 그분의 인도와 주권과 권위에 의해 받게 된다. 우리는 하나님이 우리를 위해 예비하신 곳으로 가고 있고, 그분이 거기에 마련해 두신 복을 누릴 것이다.

땅과 금을 가진 자들을 보게 되면
말로 다 표현할 수 없는 부(富)를
당신에게 주겠다는 그리스도의 약속을 생각하라

너의 많은 복을 세어보아라
당신의 천국 상급과 저 위에 있는 당신의 집은
돈으로 살 수 없도다

_존슨 오트만 Jr. (Johnson Oatman, Jr.)
〈세상 모든 풍파 너를 흔들어〉(새찬송가 429장)

CHAPTER
09

우리의 영적 유산을
즐거워하자

오, 하나님이시어!

지난 여러 세대 동안 우리의 도움이 되셨고 다가올 여러 해 동안 우리의 소망이 되실 하나님이시어! 우리는 만유의 창조자 당신께 감사하오며, 또 우리 죄로 당신의 피조 세계를 늘 망쳐온 것을 슬퍼합니다. 그러나 우리가 그러함에도 불구하고, 주님의 희생을 통해 우리를 구원하신 그 사랑을 기뻐합니다. 그분은 처음부터 목숨을 내어 주시려고 나무에 달리셨습니다. 그 사랑을 어찌 다 감사할 수 있겠습니까!

우리 중에서 잃어버린 자들을 위해 기도합니다. 오, 거룩한 영이시여! 지친 자들이 "내게 와 쉬어라" 하시는 예수님의 말씀을 듣게 하시고, 목마른 자들이 "내게 와 마셔라" 하시는 그분의 말씀을 듣게 하시며, 앞을 못 보는 자들이 "내게 와 눈을 떠라"라는 말씀을 듣게 하시고, 죽은 자들이 "내게 와 생명을 얻어라"라는 말씀을 듣게 하소서.

오, 주여, 이 모든 것을 예수님의 이름으로 구하나이다. 아멘.

믿음으로 취하기

당신은 인생에서 바랄 수 있는 모든 것을 얻었다고 믿는가? 하나님은 당신이 원하는 모든 것을 주실 것이다. 하지만 우리 중 많은 이들은 그분의 유업(遺業)이 우리 삶에 주어지는 것을 스스로 막고 있다. 과거의 이스라엘 민족처럼 우리는 광야에서 방황하면서 풍요의 땅 가나안의 영적 유업을 놓치고 있다.

우리는 하나님의 것을 얼마나 취할 수 있을까? 취할 의지(意志)가 있는 만큼 취할 수 있다! 이것을 나는 '믿음으로 취하기'라고 부른다(수 1:1-9). 하나님에게는 한계가 없으므로 우리는 무한히 영적 유업을 받아서 날마다 그분의 큰 선물과 은혜와 자비를 전부 누릴 수 있다.

나는 이것을 강조하고 싶다. 우리는 자신을 살피면서 스스로 "나는 내가 원하는 그런 그리스도인이 되어 있는가?"라고 물어야 하기 때문이다. 제힘에 의지해 살아가려 한다면 그분이 굳이 막지는 않으신다. 반면, 그분의 큰 자비와 은혜를 자원(資源)으로 삼아 살려는 의지가 있다면 문이 활짝 열리게 된다. 안타깝게도 우리는 그분의 자원을 사용하지 않았기 때문에, 이미 오래전에 끝난 싸움을 한심하게도 지금까지도 싸우며 발버둥치고 있다.

기억하라. 하나님은 약속의 땅을 우리 앞에 두셨지만, 우리를 휴면상태나 수동적 상태에 두려고 이끌어 오신 것이 아니다. 그분이 우리를 약속의 땅으로 데리고 오신 것은 그분의 놀라운 은혜의 온갖 아름다운 것들을 즐기게 하시려는 것이다. 잠에 빠져 영적으로 진보하지 않는 그리스도인들은 하나님의 은혜를 모독하는 것이다.

가장 좋은 것을 주시려는 주님을 의지하라

나의 가장 큰 적은 사탄이 아니라 바로 나 자신이다. 하나님이 우리를 이끌어내신 그 과거와 단절하라. 그리고 그분이 지금 우리를 위해 갖고 계신 것, 즉 그분이 예비하신 천국에 이르는 데 필요한 것들을 굳게 붙들어라. 그러면 기쁨과 찬양으로 충만하여 늘 하나님께 영광 돌리는 그리스도인의 삶을 살게 될 것이다.

하나님은 우리를 이끌고 안내해주기를 원하신다. 그분은 우리에게 필요한 모든 것을 공급해주셨다. 그분과 동행하면 힘과 은혜를 얻어 우리의 상황과 적을 이겨내고 그분을 찬양하며 경배하게 될 것이다.

그분이 우리를 애굽에서 구원하여 이끌어내신 것은 우리가 남은 평생에 부담을 안고 살아가게 하시려는 것이 아니다. 젖과 꿀이 흐르는 땅으로 데려가고, 남은 평생을 즐기고 기뻐하며 찬양하게 하시려는 것이다.

'나는 매사를 어떻게 처리해야 할지 알고, 내 삶을 통제할 줄 안다'라고 생각하는 사람들이 있다. 그러나 그런 사람들과는 달리 우리는 하나님의 인도를 간절히 원한다. 바로 우리 같은 사람을 위해 그분의 인도가 있는 것이다.

우리를 위한 하나님의 계획에 의지해서 살아가면, 그분의 말씀이 날마다 우리를 인도하신다는 것을 깨닫게 된다. 우리를 위해 아침마다 새로운 하루를 만들어주시듯이 그분은 또한 우리를 위해 날마다 새롭게 자비를 베푸신다. 그분의 계획은 우리를 계속 승리와 영광의 길로 이끌어주시는 것이다.

이 모든 것은 각각의 교회들, 즉 당신의 교회와 나의 교회에도 그대로 적용되며, 그분의 인도하심과 방향의 안내를 얻기 위해 모이는 신자들에게도 해당된다. 그분은 교회들을 속박에서 끌어내어 영광스러운 승리의 가나안 땅으로 데리고 들어가기를 원하신다.

우리가 가는 길에는 반대와 원수와 대적이 도처에 깔려 있지만, 하나님은 우리를 돌보고 인도하고 이끌어주겠다고 말씀하셨다. 그분께 복종하고 그분의 지혜를 우리의 지혜로 삼으면 더 이상 두려워할 것이 없다. 우리의 상상을 초월하는 길에서 성령 하나님이 우리를 인도하시는 동안 우리는 그분의 지도와 안내를 받아들이게 될 것이다.

나의 지혜를 포기하고 하나님의 지혜를 따라라

나는 이것을 그리스도인으로서의 내 삶과 사역의 초기에 배웠다. 목사안수를 받기 위해 면접을 볼 때 안수위원회의 일부 사람들은 내가 자격 미달이라고 생각했다. 그들의 생각은 여러 면에서 옳았다.

나는 고등학교를 마치지 못했고, 8학년은 단 하루만 다녔다. 대학이나 신학교, 그런 다른 어떤 학교도 다니지 않았다.

다만 나는 하나님께서 나를 인도하고 계신다고 믿었을 때 거리 모퉁이에서 전도를 시작했다. 여름캠프에서 설교했고, 거리 모퉁이에서 설교했으며, 이 모든 것을 하나님의 영광을 위해서 했다. 나는 설교를 잘하는 사람이 아니었다. 이 점은 솔직히 인정한다. 그러나 그분을 섬기기 원하는 마음만큼은 간절했다.

나중에 알게 된 바로는, 당시 안수위원들 대부분은 내게 안수를 주지 않으려고 했는데 그들이 논의를 다 마친 후 한 사람이 이렇게 분명히 말했다고 한다. "잘은 모르겠는데… 나는 왠지 이 젊은이에게 마음이 끌립니다. 이 젊은이는 하나님과 사역을 사랑하는 사람으로 보입니다. 우리는 이 사람에게 안수 주는 것에 대해 깊이 생각해보아야 하고, 이 사람을 하나님의 손에 맡겨야 할 것입니다."

내가 그 당시에는 깨닫지 못했지만, 하나님은 내가 전혀 알지 못하는 곳으로 나를 이끌어가고 계셨다. 만일 내가 나의 학력이나 경력을 증명해주는 것들에 의지하여 안수를 받으려고 했다면 아마 안수를 받지 못했을 것이다. 하나님과 '주의 사자'가 나를 하나님이 원하시는 방향으로 이끌고 계셨다.

여러 해가 지난 지금 되돌아보면 그분이 내 인생을 주관하고 계셨다는 것에 감사하지 않을 수 없다. 이제까지 어떤 결정을 내릴 때마다 나는 하나님의 지혜에 근거하여 하려고 노력했다.

우리의 지혜를 포기하고 그분이 인도하시도록 맡겨드리면 그분은 상상을 뛰어넘는 길로 우리를 이끌어주실 것이다. 지금의 내가 있을 수 있는 것은 정확한 때에 정확한 문을 내게 열어주신 그분의 지혜 덕분이다.

당신의 길들은, 오 주여, 지혜로운 계획에 따라
저 위 당신의 보좌에서 만들어집니다
그리고 어둡고 구부러진 선(線)은 모두
당신의 사랑의 중심에서 만납니다

_앰브로즈 설(Ambrose Serle)
〈당신의 길들은, 오 주여, 지혜로운 계획에 따라〉

CHAPTER
10

하나님이 우리를
준비시키신다

아버지시여,

이 진리가 우리 마음에 거룩한 것이 되게 하소서. 오, 하나님이시여, 당신이 베푸신 자비가 넘칩니다. 이제 기도하오니 우리가 당신의 자비를 의지하고, 당신을 신뢰하고, 두려움을 버리고, 죄를 미워하고, 의를 사랑하고, 허물을 멀리하고, 경건을 따르도록 도우소서.
우리가 행하는 모든 것들에서 자비가 발밑의 땅처럼, 머리 위의 공기처럼, 하늘의 별처럼 우리를 둘러싸고 있다는 것을 알고 있습니다. 우리는 인정 있는 세상에서 살며, 자비로운 하나님을 섬깁니다. 우리는 삼위일체 하나님의 풍성한 자비 안에서 살며, 행동하며, 존재합니다.

기도하오니, 우리 주 예수 그리스도 안에서 이것을 알고 우리의 마음에 적용할 수 있도록 자비를 베푸소서. 아멘.

하나님의 임재가 언제나 함께하신다

우리는 하나님께서 우리를 보내시는 것이 아니라 우리를 이끌고 가신다는 것을 알아야 한다. "자기 양을 다 내놓은 후에 앞서가면 양들이 그의 음성을 아는 고로 따라오되"(요 10:4).

하나님께서 우리를 어딘가에 있는 어떤 골짜기로 몰아넣으시는 것이 아니라는 것을 알고 평안과 위로를 얻어라. 오히려 하나님은 양 떼를 이끌고 앞서가는 목자처럼 우리보다 앞서 가시며 그분이 이미 예비하신 상황으로 우리를 이끄신다.

과거 이스라엘의 경우를 생각해보자. 하나님은 가나안 땅을 모두 보시고 그들을 위해 그 땅을 예비하셨다. 그렇다! 그분은 우리가 갈 땅을 미리 보고 우리를 위해 준비하신 후에 그곳으로 이끌고 가신다.

하나님의 임재가 언제나 함께할 것이기에 우리는 결코 외롭지 않을 것이다. 우리가 외롭게 홀로 싸우는 것이 아니라는 것을 알고 큰 위로와 기쁨을 얻자.

하나님의 임재에 대해서는 정말 많은 얘기가 있어야 한다. 유감스럽게도, 그분의 임재를 경험하지 못한 그리스도인이 많다고 나는 확신한다. 우리는 그분의 임재에 대해 이야기하고 책도 읽는다. 하지만 정말 '하나님의 임재'라는 압도적 감정을 경험했는가? 종종 나는 야곱을 생각해본다. 그는 하늘까지 닿은 사닥다리의 꿈에서 깨어난 후 "여호와께서 과연 여기 계시거늘 내가 알지 못하였도다"(창 28:16)라고 말했는데 그 말이 항상 내 마음속에 남아 있다.

그리스도인으로서 나는 하나님께서 나와 함께 계시며, 그분이 나를 위해 택하신 곳으로 나를 이끄신다는 것을 기억해야 한다. 때때로 그분의 임재를 의식하지 못할 때도 있지만 그렇다고 해서 그분이 나와 함께 계시지 않은 것은 아니다. 그분의 임재를 의식하지 못할 때는 어떤 대가를 치르더라도 주 예수 그리스도께 내 마음을 다시 집중해야 한다.

삶의 통제권을 주께 드리고 임재 앞에 머물라

우리는 우리 길을 어떻게 헤쳐나갈지 궁리할 필요가 없다. 어떤 그리스도인들은 스스로 계획을 짜고, 그리스도인으로서 자기 삶의 설계도를 그린다. 그런 것은 우리를 향한 그분의 뜻이 아니다. 우리의 목적지는 그분이 정하고 세우시며, 그곳에 이르는 길도 그러하다. 그분은 그분의 길을 따라 우리를 인도하시며, 반드시 우리가 정한 길을 따라 우리를 인도하시는 것은 아니다. 우리의 계획을 빨리 포기할수록 그만큼 빨리 우리를 향한 그분의 계획으로 인하여 기쁨을 맛볼 수 있다.

이런 것이 때로는 좌절감을 안겨주기도 하지만 우리 삶의 통제권은 오직 하나님께 있다. 내가 지금 하나님께서 원하시는 곳에 있다면 나는 그분이 내게 주기 원하시는 모든 것을 가질 것이고, 결국에는 그분이 원하시는 그런 존재로 온전히 변화되어 있을 것이다. 그분은 근시안적인 분이 아니시다. 그분은 모든 것을 아신다. 그분의 속성 중 하나는 전지(全知)하심이다.

내 길을 어떻게 계획할 것인지, 어떻게 앞으로 나아가야 하는지, 무엇을 해야 하는지… 이런 것들을 우리가 고민할 필요가 없다. 우리는 그분의 임재 앞에 머물도록 주의해야 하며, 이것이 믿음의 행위이다.

나는 내 삶 속에서 '하나님의 임재 훈련'을 계속해야 한다. 어떤 대가를 치르더라도, 경외심을 불러일으키는 하나님의 신비 안에서 살기 위해 노력해야 한다. 이런 신비를 가리켜 경건

서적 작가 루돌프 오토(Rudolf Otto: 1869-1937. 독일의 신학자이며 철학자)는 '두려운 신비'(mysterium tremendum)라고 불렀다.

약속의 땅으로 들어갔을 때 이스라엘 민족은 많은 적과 맞서야 했다. 그 적들은 우연히 거기에 있었던 것이 아니다. 그들은 하나님의 뜻에 따라 거기에 있었던 것이고, 그분은 그들을 상대하도록 이스라엘을 이미 준비시키셨다. 이스라엘이 그들의 적들을 이스라엘의 기준이나 그 원수들의 기준에 따라 처리하지 않고 하나님의 기준에 따라 처리했다는 것을 우리는 알아야 한다. 그분은 그들이 목적지에 도착할 수 있도록 그들을 준비시키고 계셨다.

그들의 이야기는 다윗과 골리앗의 이야기와 매우 흡사하다. 다윗이 골리앗에 맞섰을 때를 기억하는가? 골리앗은 당시의 최첨단 무기로 완전무장하고 있었지만, 다윗은 "너는 칼과 창과 단창으로 내게 나아오거니와 나는 만군의 여호와의… 이름으로 네게 나아가노라"(삼상 17:45)라고 외쳤다. 이스라엘은 그들의 원수와 맞서 싸울 때 그 원수의 기준에 따르지 않고 언제나 하나님의 기준에 따랐다.

여호수아가 여리고 성을 6일 동안 매일 한 번씩 돌고 일곱

째 날에는 일곱 번 돌았다는 것을 기억하는가? 그것은 군사전략에 근거한 작전이 아니었고, 다만 하나님께서 그분의 방법으로 원수를 다루신 사건이었다.

전투도 소유도 하나님이 준비시키신다

당시 이스라엘의 적들은 수가 많았고 세련되었고 그 땅에서 번성하고 있었다. 그들은 이스라엘을 위해 일해 왔지만, 그 사실을 의식하지는 못했다. 자기들의 소유가 언젠가는 이스라엘의 것이 될 것을 알지 못했다.

이스라엘은 애굽을 떠날 때 애굽 사람들의 재물을 가지고 나왔다. 우리에게 믿음의 길을 가라고 하실 때 하나님은 항상 우리를 준비시키신다.

자, 이스라엘의 적은 누구였는가?

헤브론과 야르뭇과 라기스와 에글론에 거주한 아모리 족속, 골짜기의 거민이었던 브리스 족속, 여리고와 아이에 있었던 가나안 족속, 헤르몬산과 레바논산과 미스바 땅에 있었던 헷 족속, 예루살렘 성에 있었던 여부스 족속이다.

그들은 그 땅에 단단히 뿌리박고 있었다. 산꼭대기부터 골짜기와 바다에 이르는 지역들에 왕국을 건설하고 있었다. 그들은 값진 것들을 소유하고 있었지만, 그들이 그분께 반역했기 때문에 하나님은 그것들을 그들의 손에서 빼앗기로 하셨다. 이에 대한 구약의 기록을 읽어보라. 그들은 죗값을 치렀다. 하나님은 그들의 소유를 빼앗아 그분의 백성, 이스라엘 민족에게 주셨다.

이 일들이 성경에 기록된 것은 우리에게 교훈을 주려는 것이다. 역설적으로, 최악의 원수는 우리를 가장 잘 돕는 자가 될 수도 있다. 우리의 영적 부(富)가 원수의 손안에 있어 우리가 그것을 그들의 손안에서 찾아야 할 수도 있다.

그 길은 절대 쉽지는 않지만, 하나님은 모든 만일의 사태에 대비하여 우리를 준비시키셨다. 당신을 위해 예비하신 것을 당신에게 주시는 것이 그분에게는 큰 기쁨이다.

빛의 산들을 따라 야영하는
너희 그리스도인 병사들이여, 일어나라!
밤이 찾아와 백열(白熱)의 하늘을 가려버리기 전에
싸움에 박차를 가하라
저 아래 골짜기에 있는 원수들에게
온 힘을 다해 공격을 퍼부어라

믿음이 승리라, 우리가 알기로는, 세상을 이기는 승리라

믿음이 승리라! 믿음이 승리라!

오, 영광스러운 승리! 세상을 이기는 승리!

_존 헨리 예이츠(John Henry Yates)

〈주 믿는 사람 일어나〉(새찬송가 357)

CHAPTER
11

원수를 알고
그의 것을 취하라

오, 주 예수님!

당신의 복을 우리에게 내려주시기를 기도합니다. 하나님의 어린양이시여! 우리가 당신을 닮기 원하여 당신을 사랑합니다. 오직 당신의 성령께서만 우리의 마음을 깨끗케 하실 수 있습니다. 당신의 거룩한 성품과 본성에 온전히 절대적으로 조화를 이루도록 해주시는 분은 오직 성령뿐이십니다. 기도하오니, 우리가 범한 죄를 깨닫고 잊지 않는 가운데 우리의 무가치함을 보고 겸손해지도록 도우소서. 우리가 범한 죄가 많지만 당신과 우리의 관계를 파괴하지는 않습니다. 당신의 은혜는 과거의 형벌에서 해방시키실 만큼 풍성합니다. 우리가 당신을 사랑하오며, 당신께 영광 돌리는 삶을 살기 원합니다.

오, 아버지시여! 당신의 말씀을 깨닫도록 도우시고, 그 말씀을 날마다의 삶에 적용하도록 도우소서.

예수님의 이름으로 기도드립니다. 아멘.

진짜 우리의 원수는 누구인가

흔히 우리는 원수를 완전히 부정적으로만 보기 쉽다. 그러나 이스라엘이 가나안에 들어갔을 때 원수의 부(富)를 유업(遺業)으로 받았다는 것을 기억하라. 원수가 어떤 존재인가 하는 것과 상관없이, 원수가 결과적으로는 하나님께 영광과 존귀를 돌릴 수도 있다.

우리의 진짜 원수는 누구인가? 거의 매일 우리가 직면하는 원수는 무엇인가?

우리는 이스라엘의 원수들이 누구였는지 알며, 이스라엘이 그들을 하나씩 물리쳐 하나님께 영광을 돌리도록 그분이 도우셨다는 것도 알고 있다. 우리는 그들이 가나안 땅을 점령하기 원했던 만큼 그 땅을 점령했다는 것을 기억해야 한다. 그들은 그들을 붙들어주시는 그분의 은혜에 의지하여 더 많은 땅을 점령할 수도 있었지만, 그렇게 하기를 거부했다.

우리가 날마다 마주치는 원수들은 무엇인가?

분 내는 성질

내가 우선 언급하고 싶은 원수는 화를 못 참고 분을 내는 성질이다. 짜증은 기질적인 죄이다. 화를 참는 것이 불가능하다고 생각해서는 안 된다. 때때로 화가 치밀어올라 그것을 통제하지 못한다. 성질내는 것은 죄의 손에 쥐어진 칼이다.

그러나 하나님께서 죄를 처리하시면 그 승리의 풍요한 열매를 손에 넣을 수 있다는 것을 기억하라. 성질이 치받아 올라올 때 그것을 그분께 맡겨드리면 그분은 우리를 위한 그분의 계획에 따라 우리를 180도 바꾸어 놓으신다.

열등감

또 다른 원수는 자신이 열등하다고 느끼는 것이다. 어떤 이들은 이것을 가리켜 '열등감'(inferiority complex)이라고 부른다. 어떤 사람은 원수가 이 열등감이라는 무기를 사용해 계속 공격하도록 허용하고, 어떤 사람은 열등감을 잘 사용하여 하나님께 영광을 돌린다.

열등감은 내가 어떤 일을 할 수 없다는 것을 보여주지만 하나님은 나를 통해 그 일을 이루실 수 있다. 내 상황을 내가 헤쳐나갈 수 있다고 생각하면 정말 곤경에 처한다. 그러나 열등감을 느끼면 하나님을 의지하게 되고, 그분은 은혜의 창고를 내게 활짝 열어주신다.

열등감이라는 이 원수 앞에서 자기 힘이 보잘것없다는 것을 깨달으려면 때로는 완전히 밑바닥까지 내려가봐야 한다. 이것을 깨닫기 전에는 자신이 용감하며 힘차게 걷는다고 생각하지만 결국에는 넘어져 큰코다친다. 나의 열등감이 내 원수라는 것을 깨달을 때 나는 그런 깨달음을 기회로 삼아 내 열등감을 하나님께 맡겨드린다. 그러면 그분이 개입하시어 그 순간에 내 힘이 되어주신다.

야망

우리에게 있을 만한 또 다른 원수는 육신적 야망이다. 신약성경의 인물 중 후에 바울이 된 사울을 기억하는가? 그는 그 당시의 '종교의 사다리'를 타고 오르려는 야망에 불탔다. 그는 그 당시 사람들과는 달리, 유별나게 그리스도인들을 박해했다. 그러자 하나님은 그의 야망을 붙잡아 방향을 바꾸셨고,

전에는 교회를 멸하려는 야망이 이제는 온 이스라엘과 온 세상에 교회를 세우려는 야망으로 바뀌었다. 사울이 바울로 변하여 그의 육신적 야망을 하나님께 맡겨드렸을 때 그분은 그것을 사용하여 그분의 큰일을 이루셨다.

소심함

또 다른 원수는 소심함이다. 어떤 것에 두려움을 느낄 때 그 두려움을 감춘 채 오히려 겉으로는 지나칠 정도로 담대한 모습을 보일 수 있는데, 이것이 결국은 우리로 그분을 의지하게 만들 수도 있다. 내가 얼마나 연약한지 깨달으면 내 하나님이 얼마나 강하신지 알게 된다. 그래서 나의 연약함은 내 원수가 될 수도 있지만, 완전히 방향을 바꿔 나를 하나님의 자비로움의 길로 인도할 수도 있다. 내 연약함이 무엇인지를 알 때 내 삶의 그 약한 부분을 하나님께 맡길 수 있다.

반역

반역은 그리스도인들에게 또 하나의 원수이다. 구약성경에서 반역적인 성격을 가진 선지자들과 개혁가들을 볼 수 있다. 그런데 하나님에 대한 반역도 완전히 방향을 바꾸면 하나님의 원수들에 대한 반역으로 변할 수 있다. 과거에는 내 원수였던 것, 즉 '하나님에 대한 반역'이 이제는 그분의 나라를 위한 무기가 된다.

사람들

사람들도 우리의 원수가 될 수 있다. 그들의 비판과 학대는 우리를 아주 겸손하게 만들 수 있다. 생각하는 것만큼 자신이 똑똑하지도 않고 위대하지도 않다는 것을 깨달을 때 우리는 겸손해져서 하나님의 풍성한 은혜를 굳게 붙들게 된다.

사탄

사탄도 물론 우리의 원수이다. 이것은 의문의 여지가 없다. 하나님은 사탄의 적의(敵意) 때문에 진노하신다(겔 36:2-11).

우리는 왜 사탄이 우리의 원수인지 어느 정도는 이해하고 있지만, 이에 대해 다 알고 있는 것은 아니다. 예를 들어 욥의 삶을 보자. 사탄은 욥의 원수였지만 하나님은 사탄의 공격을 완전히 바꾸어 그것이 욥에게 복이 되게 하셨다. 사탄이 한 짓은 모두 욥이 전에는 갖지 못했던 큰 부(富)를 하나님께 받도록 길을 닦아준 것이었다. 때때로 하나님은 사탄이 이런 류의 일을 하도록 허락하신다. 사탄이 우리의 원수인 것은 맞지만, 때로는 하나님이 새로운 일을 시작하시도록 길을 닦아드리는데, 여기서 묘한 것은 사탄은 자기가 실제로는 그분의 일이 더 잘되도록 돕고 있다는 것을 모른다는 것이다!

그리스도의 원수인 가룟 유다는 실제로는 주 예수 그리스도의 십자가 죽음을 이루는 일에 하나님의 손에 사용되었다. 만일 가룟 유다가 없었다면 틀림없이 다른 누군가가 그의 역할을 대신했겠지만, 유다가 하나님의 손에 사용되어 예수께서 세상의 죄를 위해 십자가에서 죽음 당하시도록 한 것은 사실이다.

원수도 은혜의 도구가 될 수 있다

상황이 우리에게 불리하게 돌아갈 때 하나님은 "내가 네 원수에게 원수가 … 될지라"(출 23:22)라고 말씀하신다. 우리의 원수가 누구인지를 알면, 그 원수를 우리 혼자 맞서는 것이 아니라 하나님께서 우리의 원수에게 원수가 되신다는 것을 알게 된다. 주권자 하나님은 우리 앞에 있는 모든 원수를 대적하실 수 있고 또 그렇게 하실 것이다. 하나님을 신뢰하고 그분이 그분의 뜻대로 행하시도록 순종하면 하나님은 우리의 원수들이 그들끼리 서로 싸우도록 만드실 것이다. 그리고 우리는 그분의 이런 큰 복을 받게 될 때 승리의 즐거움을 누릴 것이다.

나의 적을 아는 것이 첫걸음이지만 그것은 그저 첫걸음일 뿐이다. 내 원수와 처음으로 부딪히면 두려워 포기하고 싶어지기도 한다. 그러나 그 원수를 하나님의 관점에서 보면 내 마음은 기쁨으로 가득 차는데, 왜냐하면 그 원수는 내 삶에서 그분의 놀라운 은혜를 내게 드러내줄 뿐이기 때문이다.

내가 이렇게 말할 수 있는 것은 그분이 이렇게 약속하셨기 때문이다. "너를 치려고 제조된 모든 연장이 쓸모가 없을 것이라 일어나 너를 대적하여 송사하는 모든 혀는 네게 정죄를 당하리니 이는 여호와의 종들의 기업이요 이는 그들이 내게서 얻은 공의니라 여호와의 말씀이니라"(사 54:17).

이기고 또 이기려고 하시는
지극히 강하신 왕이 말을 타고 나아가시도다
수많은 충성스런 자들의 무리를
싸움의 한복판으로 이끌고 들어가시도다
견고히 전열(戰列)을 갖춰
담대히 전진하는 이 무리를 보라

그들의 지도자의 이름을 외치니

뛸 듯이 기뻐하는 그들의 말을 들어보라

용사들이라고 전쟁에 승리하는 것이 아니며

빠른 경주자들이라고 선착하는 것이 아니라

진실하고 충성된 자들에게

은혜를 통해 승리가 약속되어 있도다

_프랜시스 J. 크로스비(Frances J. Crosby)

〈은혜를 통해 승리가〉

CHAPTER
12

원수의 신들과
싸우고 대적하라

자비하신 하늘의 아버지시여,

오늘날 당신의 복이 당신의 말씀 위에 임하기를 기도합니다. 당신의 길과 당신의 진리를 제가 깨닫게 도우소서. 기도하오니 우리의 믿음이 독수리처럼 날아올라 넓은 날개를 펴서 그 무엇도 끌어내릴 수 없을 만큼 더욱 높이 솟아오르게 하소서. 독수리가 태양을 볼 수 있듯이 우리도 '높은 곳에 계신 지극히 크신 분'의 우편에 앉으신 당신의 거룩한 아들을 볼 수 있게 하소서. 그분이 하나님이시고 근본 하나님의 본체이신 것에 대해 우리가 눈물을 흘리며 마음이 녹아질 정도로 감사하게 하소서.

당신을 찬양하오니, 오 아버지시여, 당신의 아들이 우리의 모든 죄와 부패 때문에 저기 나무 위에 달리셨으니 당신을 찬양합니다. 그분의 피가 우리의 모든 죄를 덮습니다. 우리가 죄를 자백하고 회개만 하면 당신은 미쁘시어 우리를 모든 불의에서 깨끗하게 하실 것입니다. 오 아버지시여, 오늘 우리가 당신을 찾을 때 우리에게 복을 주소서. 이것을 예수님의 이름으로 구하나이다. 아멘.

싸움과 정복을 위한 거룩한 부름

이 책 전체에 걸쳐 나는 속량 받은 자들을 위해 하나님께서 마련하신 사랑의 계획에는 두 가지 측면이 있다는 것을 보여주기 위해 노력하고 있다.

첫째는 그들을 속박의 땅에서 구해내는 것이고 둘째는 그들을 약속의 땅으로 들여보내는 것이다. 이 두 가지는 동전의 앞면과 뒷면과도 같다. 그들을 더 좋은 곳으로 들여보낼 계획이 그분께 없었다면 그들을 속박의 땅에서 빼내는 것은 아무 유익이 없었을 것이다. 어딘가로 들어갈 계획이 없는데 어딘가에서 나온다는 것은 무의미하다.

가나안이 풍요의 땅이었던 것은 사실이지만 이스라엘의 원수들의 땅인 것도 사실이었다. 하나님은 가장 좋은 것이 무엇인지 아셨다. 그분은 이스라엘의 행동을 인간의 지혜나 결정에 맡겨두지 않으셨다. 그리고 그들에게 "너는 그들의 신을 경배하지 말며"(출 23:24)라고 말씀하셨다.

당신이 원수들을 정복하려고 한다면 그들을 본받아서는 안 된다. 당신은 그들과 다르고 그들과 대조되고 심지어 그들에게 적대적일 때 승리를 거둘 수 있다.

출애굽기 3장 17절에는 약속의 땅으로 들어가라는 '거룩한 부름'이 나온다. 이스라엘은 가나안 땅의 거민들, 그리고 그들의 신들과 우상들이 하나님과 이스라엘 사이의 관계에 위협이나 방해가 되도록 허락해서는 안 되었다.

그들은 가나안 땅에 들어갔을 때 원수들의 종교와 신들을 받아들여서는 안 되며, 오히려 그곳에 들어가 원수들을 멸하고, 원수들의 신들을 멸하고, 자기들을 그곳으로 인도하신 하나님을 경배하고 높이는 데까지 이르러야 했다. 그들은 가나안에 들어가 원수들과 그들의 신들을 타도하고 부수어야 했다. 그들이 받은 진군 명령은 "가서 순응하라!"가 아니라 "가서 대적하라!"였다.

오늘날 마음이 여린 많은 그리스도인들은 바로 여기에서 주저한다. 그들은 영적 승리나 가나안 땅의 정복 같은 것들은 원하지만 우상파괴에는 아주 소극적이다. 그들은 기독교가 점잖고 유순한 것이라고 생각하는데, 그런 생각은 아마도 회화(繪畫)의 영향으로 생기는 것 같다. 그들은 과거의 위대한 화가들의 그림을 보고 "아, 그리스도인의 삶은 바로 저런 것이구나!"라고 느끼는 것 같다.

그들은 그리스도인에 대해 원수를 부수고 멸해야 하는 집단이라고 생각하지 않으며, 그리스도께서 혁명가이셨다는 사실을 직시할 만큼 강하지 못하다. 그러나 기억하라. 그분은 선한 일을 하셨기 때문에 십자가에 달리신 것이 아니라 혁명가이셨기 때문에 십자가에 못 박히셨다는 것을!

사도들은 한 사람만 빼놓고 모두 순교했다. 초대 교회는 로마제국에 저항했기 때문에 극심한 박해를 받았다. 십자가는 우리 주변의 세상에 영원한 심판자 역할을 한다.

우리가 싸워야 할 '다른 신'

출애굽기 23장 25절은 "네 하나님 여호와를 섬기라"라고 말씀한다. 이것이 지고(至高)의 도덕적 명령이다. 다른 모든 것은 이것에 종속된다. 그들의 모든 신과 제단들은 사라져야 한다. 하나님의 명령과 지도에 따라 타도되고 부수어져야 한다. 우리는 여호와 우리 하나님을 섬기기를 선택해야 한다. 우리에게는 싸워야 할 다른 신들과 다른 제단들이 있다.

세상의 쾌락

우선, 세상의 쾌락이라는 신이 있다. 출애굽기 32장 6절은 "백성이 앉아서 먹고 마시며 일어나서 뛰놀더라"라고 말씀한다. 사람들은 부끄러운 줄 모르고 이 신, 즉 세상의 쾌락이라는 신을 숭배한다. 그런데 아주 슬픈 것은 이 신이 오늘날 교회 안으로 들어오고 있다는 것이다. 사람들을 재미있게 해주지 못하면 그들을 교회로 오게 할 수 없기 때문이다.

육신

우리가 섬기는 또 다른 신은 육신이다. 이스라엘 민족은 만나에 만족하지 못하고 고기 먹기를 원했다. 하나님께서 그분 나름대로 목적이 있어서 그들에게 만나를 주셨지만, 그들은 그분이 주시는 것에 만족하지 못하고 다른 것을 원했다.

대중적 종교

또한 대중적 종교라는 제단이 있다. 엘리야는 대중적 종교를 전하지 않았기 때문에 이세벨과 충돌했다. 그는 세상과 대중적 종교가 상징하는 모든 것을 반대했다.

타협

타협이라는 제단도 있다. 다니엘과 그의 젊은 세 친구(사드락, 메삭, 아벳느고), 그리고 느헤미야는 모두 어떤 대가라도 치를 각오로 타협을 거부했고, 하나님은 그들을 구해주셨다. 당신이 하나님의 인도를 받고자 한다면, 그분은 당신이 어떤 점에서도 타협해서는 안 되는 곳으로 인도하실 것이다.

안락

우리에게 있는 또 다른 제단은 안락의 제단이다. 이것은 우리가 편한 대로 그분을 섬기는 것이다. 오늘날 만연된 태도는 이렇게 말하는 것 같다. "그럼요. 나는 하나님을 섬기기 원합니다. 하지만 내가 편하고 시간 여유가 있을 때 하는 거죠."

아모스서 6장 1절에는 "화 있을진저 시온에서 편안한 자"(개정개역판 한글성경에는 '화 있을진저 시온에서 교만한 자'로 번역되어 있다)라는 말씀이 나온다. 당신 앞에 원수가 있는데 어찌 편안할 수 있는가?

누가복음 9장 23절에서 예수님은 "아무든지 나를 따라오려거든 자기를 부인하고 날마다 제 십자가를 지고 나를 따를 것이니라"라고 말씀하셨다. 생각해보라. 예수님을 따른다고 하면서 편안함과 안락을 추구할 수 있는가?

겁박

우리가 또 볼 수 있는 신은 '겁박'(劫迫), 즉 '겁주기'라는 신이다. 이것은 두려움과 경고와 협박을 통해 지배하는 것이다. 우리가 무엇을 두려워하든지 그것은 결국 나를 지배하는 신이 되고 만다. 겁주기는 종교가 사람들을 원하는 모습으로 길들이기 위해 사용할 수 있는 도구이다.

황금만능주의

또한 황금만능주의라는 신이 존재한다. 예수님이 채찍을 사용하신 유일한 경우는 사람들이 성전에서 팔지 말아야 할 것들을 판매했을 때였다. 그들은 이윤을 추구했다. 당시 그들은 그들이 하는 짓이 성전의 규칙에 위배됨에도 불구하고 이윤을 남긴 다음에 기부를 했다. 반면, 선한 대의를 위해 행하는 것은 아무 문제가 되지 않는다.

문화

문화라는 제단도 있다. 기독교가 문화적인 것으로, 기껏해야 정신을 고양(高揚)시키는 것으로, 세련되게 해주는 것으로 변질된 것이 아닌가 하는 염려가 생긴다.

세상의 문화는 믿을 수 없으며, 그리스도의 목적이나 부르심의 뜻을 이루어드리는 데 전혀 도움이 안 된다. 예수님은 그분 시대의 문화에 도전한 혁명가이셨다. 오늘날의 교회는 그분의 뒤를 따라야 한다.

순종은 오직 이쪽을 선택하는 것이다

성경은 "네 하나님 여호와를 섬기라 그리하면 여호와가 너희의 양식과 물에 복을 내리고 너희 중에서 병을 제하리니"(출 23:25)라고 말씀한다. 하나님은 이스라엘이 순종할 때는 이 말씀대로 행하셨다.

우리도 마찬가지이다. 우리가 그분께 순종하면 그분은 이 복들이 우리의 머리 위에 임하게 하실 것이다. 문제는 우리가 그분과 황금을 함께 섬길 수 없다는 것이다. 그분께 순종하는 것은 그분을 선택하는 것이다. 양다리를 걸칠 수는 없다. 그리스도인으로서 살다 보면, 그리스도에게 순종하고 그분의 길을 선택하고 세상의 길에 대적해야 할 순간이 찾아오게 되어 있다.

주님의 말씀의 빛 안에서
그분과 동행할 때
그분이 얼마나 놀라운 영광을
우리 길에 부어주시는가!
우리가 그분의 선한 뜻대로 행하면
늘 우리와 함께 계시네
신뢰하고 순종하려는 모든 이들과 함께 계시네

신뢰하고 순종하라
예수님 안에서 행복하려면
신뢰와 순종 외에 다른 길이 없다네

_존 H. 사미스(John H. Sammis)

〈예수 따라가며〉(새찬송가 449장)

A CLOUD BY DAY,
A FIRE BY NIGHT

PART 3

약속된
축복의 땅으로

CHAPTER
13

하나님의 뜻을 알아
신뢰하고 섬겨라

하늘의 아버지시여,

제 눈을 들어 당신을 보게 하소서. 또 제 눈을 들어 천사들보다 높으신 당신의 아들 주 예수 그리스도를 보게 하소서. 당신이 우편에 앉아 계시므로 제가 구하나이다. 영적 갈급함을 제게 주소서. 인간의 차원을 뛰어넘는 갈망을 주소서. 저의 뼈 안에서 불같이 타오르는 소원을 주소서. 오, 하나님, 제가 현재 있는 곳이나 제 현재 상태에 만족하지 않게 하소서. 기도하오니, 오직 당신의 임재 안에서 체험할 수 있는 당신을 향한 갈망과 소원으로 제 마음이 요동치게 하소서. 저의 마음을 당신에게까지 들어 올리소서.

오, 아버지시여, 예수님의 이름으로 구합니다. 아멘.

신뢰하고 복종하는 진정한 섬김

이 말은 아무리 반복해도 지나치지 않을 텐데, 하나님께서 그분의 백성을 애굽에서 이끌어내신 것은 그들을 위하여 예비하신 땅으로 이끌어 들여보내기 위한 것이었다. 그들은 버려지고 황폐한 허허벌판이 아니라 이미 준비된 땅으로 들어가는 것이었다.

그분은 이 목적을 이루기 위해 그들을 이끄셨는데 그곳은 그들이 선택한 곳이 아니라 그분이 선택하신 곳이었다. 그분은 그들의 목적지를 정하시고, 그들이 가야 할 길을 선택하셨다. 그것이 우리의 관점에서는 대단해 보이지 않을 수도 있겠지만, 그 길이 그분이 준비하신 것이라면 우리는 어떤 일이 닥칠지라도 신뢰하고 따를 책임이 있다. 그 땅에 어떻게 들어가는가 하는 것은 그들이 결정한 사항이 아니었다. 단지 그들은 그분을 따르겠다고 결정했고, 그 결과 그분은 그들을 위해 길을 열어주셨다.

출애굽기 23장 25절에는 "네 하나님 여호와를 섬기라"라는 말씀이 나온다. 우리가 이 말씀의 의미를 깨달으면 아주 큰 유익을 얻게 된다. 그리스도인으로서의 체험이 더 깊어지려면, 하나님을 섬긴다는 것이 정말로 의미하는 것이 무엇인지를 알아야 한다.

'섬기다'로 번역된 '서브'(serve)라는 단어가 영어사전에서 26가지 의미를 갖는 것으로 나오는데, 그것의 구체적인 뜻은 구체적인 경우나 문맥에 의해 결정된다. 히브리어에서 이 단어는 종이 주인을 위해 일하는 것을 의미한다. 우리가 지시하거나 명령하는 것이 아니라 주인에게 복종하는 것이 '섬김'이라는 것이다. 이것은 우리가 기억해야 할 중요한 점이다.

야곱은 라헬과 결혼하기 위해 7년을 일할 것이라고 예상했지만, 결과적으로는 14년을 일했다. 하나님께서 이스라엘 민족을 애굽에서 이끌어내시기 전에 그들은 애굽인들을 위해 400여 년을 일했다.

그분을 섬기는 것은 그분과 나 사이의 관계에서 매우 중요하다. 그분을 섬기며 그분께 복종하는 방법을 배울 때 우리는 그분이 원하시는 방향으로 나아가기 시작한다.

섬김의 요소들

오늘날 많은 그리스도인의 문제는 그들이 하나님께 "주님,

저는 이러이러한 방법으로, 이러이러한 조건에 따라 섬기려고 합니다"라고 말씀드리고 싶어 한다는 것이다. 그러나 그분에 관한 한, 이런 태도는 있을 수 없다. 하나님은 내 소유주이시기 때문에 그분을 섬긴다는 것은 내가 그분의 소유권을 인정하고 온전히 그분에게만 충성한다는 것을 의미한다.

순종, 신뢰, 사랑, 경배… 이런 것들은 '하나님 섬김'이라는 우리의 행위를 풍성하게 하는 요소들이다.

순종

하나님을 섬기려고 한다면, 그분께 순종하는 것이 무엇인지를 반드시 배워야 한다. 많은 사람들이 하나님의 선물은 원하지만 그분께 순종하기는 원하지 않는다. 그러면서도, 자기들이 원하는 것을 자기들이 원할 때 그분이 주시기를 바란다. 그러나 순종은 우리의 '하나님 섬김'에서 첫 번째 요소이다.

오늘날의 기독교에서는 '순종이 제사보다 낫다'라는 인식을 찾아보기 어렵다. 순종하기 위해 어떤 대가를 치를지라도 순종은 정말로 중요한 것이다. 어떤 대가를 치르더라도 그분께 순종할 의지가 우리에게 있는지 확인하기 위해서 우리는 이런 문제를 정말로 깊이 생각해보아야 한다.

'그분께 순종하기 위해 다른 모든 것들에 등을 돌릴 용의가 내게 있는가?'

이 질문은 우리가 깊이 생각하며 기도의 제목으로 삼고 기도해야 할 질문이다. 물론 우리의 생각과 기도는 하나님께, 오직 하나님께 충성을 바치는 쪽으로 결론이 나야 할 것이다.

신뢰

우리가 하나님을 섬김에 있어서 또 다른 주요 요소는 신뢰이다. 그분은 우리가 그분을 완전히 믿고 의지할 것을 요구하신다. 바로 이 점에서 우리는 어려움에 빠지는데 왜냐하면 우리에게는 어떤 상황에 대해 모든 것들을 알아야 신뢰할 수 있다는 선입견이 있기 때문이다.

모든 것을 알아야 하나님을 신뢰할 수 있다는 것은 잘못된 생각이다. 그분은 우리가 우리의 다음 단계가 무엇인지를 모를 때에도 그분을 믿고 의지하기를 원하신다. 만일 내가 그분을 신뢰할 수 없다면 누구를 신뢰할 수 있는가? 종교 지도자들? 정부의 지도자들? 내가 정말 그분을 믿고 의지할 수 없다면 누구를 신뢰해야 하는가?

우리가 생각해보아야 할 또 다른 질문은 "내게 가장 좋은 것을 주기 원하시는 분은 누구이신가?"라는 것이다. 종교 지도자들인가? 정부의 지도자들인가? 나 자신인가? 나 말고 어떤 다른 사람인가? 하나님이신가? 내 길의 다음 단계들로 나아가기 위해 그분을 의지하고 섬겨야 하는 상황으로 나를 이끌어 오신 하나님이 내게 가장 좋은 것을 주기 원하시는 분이신가?

이런 신뢰의 한 부분은 '어떤 분'에 대한 확신이어야 한다. 당신은 우리가 가는 길에서 무엇을 겪게 되든지 그분이 우리를 옳은 길로 이끌고 계시다는 것을 확신하는가?

내가 볼 때, 확신은 우정의 한 부분이다. 나와 그분 사이에 우정이 있었기 때문에 나는 그분을 신뢰하는 데까지 이르렀는데, 그 신뢰는 그분이 내게 어떤 것을 보내시든지 간에 흔들리지 않고 그분을 믿고 의지하는 태도를 통해 표현된다.

사랑

아주 중요한 또 다른 요소는 사랑이다. 하나님의 교훈에 의하면, 하나님은 사랑이시다. 완전한 사랑이시다. 우리가 사랑에 대해 생각해볼 때는 그분을 생각해야 한다.

오늘날 사랑에 대해 생각할 때 우리는 종종 할리우드의 유명인사들을 생각하게 되고, 또 사랑에 대한 세상의 평가를 생각하게 되지만, 이런 식의 사고방식에서 빨리 벗어나 하나님의 사랑에 초점을 맞추어야 한다. 그분의 사랑이 있기 때문에 우리가 그분을 섬겨서 그분을 영화롭게 하고 기쁘게 해드릴 수 있는데, 이런 그분의 사랑에 관해 우리는 무엇을 알고 있는가?

내가 볼 때, 하나님에 대한 사랑은 그분과의 교제가 점점 더 깊어질 때 생긴다. 그분과 점점 친해지면 그것이 강렬한 사랑으로 바뀌지 않을 수 없다. 하나님을 사랑하면 그분에 대한 사랑에 이끌려 눈앞의 상황에 개의치 않고 그분을 신뢰하게 된다.

경배

끝으로 생각해볼 수 있는 것은 경배이다. 우리가 가는 길에 무엇이 놓여 있든지, 그분이 우리를 어떤 방향으로 어떻게 이끌어 가시든지 우리는 모든 문제를 그분의 손에 맡겨드리고 그분 앞에 엎드려 떨며 경배하며 그분을 사모해야 한다.

현재 이 세대의 그리스도인들은 어떻게 해야 하나님을 사모하고 경배하는 마음을 가질 수 있는지를 알고 있는가? 우리는 다른 모든 것들을 제쳐놓고 그분을 숭모하고 경배할 정도로 그분을 신뢰할 수 있어야 하는데, 그런 신뢰를 우리에게 심어 주기 위해 그분이 무엇을 하고 계시는지 당신은 아는가?

세상은 그들의 신들을 만들어 열렬히 숭배한다. 그러나 그리스도를 믿는 사람으로서 나는 하나님을 경배하는 것이 내 삶에서 가장 열정적인 부분이 되기를 바란다. 내 삶의 모든 것이 주 예수 그리스도의 기이함에 대한 경이(驚異), 그리고 그분을 향한 숭모와 예배에서 흘러나오기를 원한다.

섬김은 그분의 조건을 온전히 받아들이는 것

많은 이들은 이기적 동기에서 안내를 구한다. 그들은 자신이 처한 상황에서 무엇을 얻어낼 수 있는지를 알고 싶어 한다. 여호와 우리 하나님을 섬기지 않고 개인들, 교회 그리고 그 밖의 온갖 것들을 섬기기 원한다. 다른 모든 것들을 제쳐놓고 하나님을 섬기는 것은 원하지 않는다.

당신도 알겠지만, 하나님을 섬길 때 나는 다른 신자들과 교제를 나누기에 적절한 곳에 있게 된다. 만일 내가 하나님을 섬기는 대신에 교회를 섬기면, 다른 신자들과 나누는 교제의 많은 부분을 희생하게 된다. 이런 경우들이 너무 많아서 일일이 열거할 엄두가 나지 않을 정도이다.

하나님의 조건들을 충족시킬 용의가 우리에게 있다면 그분이 우리와 함께하신다. 즉, 우리보다 앞서 보냄을 받은 그분의 사자가 우리와 함께하신다. 이 점은 매우 중요하다. 나는 내 길을 개척하려는 시도조차 할 수 없다. 나는 그분을 섬기지 않으면 안 되는데, 그분을 섬길 때는 그분의 조건들을 온전히 받아들이게 된다.

예수께서 "내 멍에는 쉽고 내 짐은 가벼움이라"(마 11:30)라고 말씀하지 않으셨는가? 그분의 계명들은 고통스러운 것이 아니다. 하나님을 알게 되면 깨닫게 되는 한 가지가 있다. 그것은 가장 긴 시간에 걸쳐 우리에게 가장 유익한 것이 무엇인가 하는 문제에 대해 그분이 관심을 갖고 계시다는 것이다!

오 주인님, 당신이 부르실 때
어떤 음성도 당신께
안 된다고 말해서는 안 되리니
당신이 이끄시는 길로 따르는 자들이
복되기 때문입니다
아침의 가장 신선한 시간이나
가장 강렬한 백열(白熱)의 정오에

하늘의 경고 메시지는

아무리 빨리 이르러도

지나치지 않나이다

_사라 G. 스톡(Sarah G. Stock)

〈오 주인님, 당신이 부르실 때〉

CHAPTER
14

하나님은
이끄시고 채우신다

오 아버지시여,

주 예수님의 이름으로 도움을 구하는 기도를 드립니다. 제가 알기로는 세상과 육신과 마귀가 모든 뿌려진 씨앗을, 모든 거룩한 충동을, 모든 고상한 의도를, 그리고 모든 성스러운 서약을 낚아채 가려고 공모합니다. 마귀의 일을 멸하소서. 깨끗케 하고 정결케 하고 거룩하게 하고 구원하고 해방하심으로써 이제 저의 마음 안에서 일하소서.

오 크신 하나님이시여, 저에게는 하늘의 도움이 필요합니다. 내 머리로 할 수 없고, 내 성격으로 할 수 없고, 훈련으로 할 수 없고, 학

문으로 할 수 없습니다. 죄의 힘을 깨뜨리고 갇힌 자를 놓아주실 분은 오직 당신뿐이십니다. 오직 당신만이 눈먼 자의 눈을 뜨게 하시고 오직 당신만이 우리의 의지를 순종으로 향하게 하실 수 있습니다. 아멘.

하나님을 바르게 섬기고 믿기로 결심하라

하나님을 섬기면 유익이 있다는 것을 명심할 필요가 있다. 우리는 마땅히 그분을 섬겨야 하기 때문에 그분을 섬긴다. 그분을 섬긴다고 해서 그것이 우리의 공로가 되거나 우리에게 상급을 갖다주는 것은 아니다. 그분을 당연히 섬겨야 하는데 만일 그렇지 않으면 죄를 짓는 것이다.

우리는 섬김을 통해 그분을 기쁘게 해드리겠다고 결심해야 한다. 우리에게 너무 편한 방법으로 그분을 섬기지는 않겠다고 굳게 마음먹어야 한다. 우리 편할 대로 그분을 섬기려고 하는 것은 그분의 뜻에 대한 반역의 첫 단계에 와 있는 것이다.

그분이 주시는 것은 무엇이든지 그분의 은혜로 말미암는 것이다. 우리는 죄의 속박에서 건져냄을 받았고, 그분은 우리에게 필요한 것들을 우리 삶에 부어주신다. 때때로 그분은 내가 당장은 이해하지 못하는 것들을 내 삶 속에서 행하신다. 몇 주, 몇 달, 또는 몇 년이 흐른 후에 나는 그분이 내 삶 속에서 무슨 일을 행하셨는지, 또 왜 그렇게 하셨는지를 깨닫기 시작한다. 이스라엘 민족이 약속의 땅으로 들어갈 때 그분의 인도와 보호를 받았던 이유는 여호와 한 분만을 섬기겠다고 약속했기 때문이었다.

하나님은 우리가 바랄 수 있는 최상의 것들보다 훨씬 더 좋은 복과 유익을 무한히 부어주실 수 있는 선한 분이시다. 그분은 복 주기를 즐기는 분이시다.

다만 그분에게 문제가 되는 것은 우리로 하여금 그분을 믿게 만드는 것이다. 우리가 그분에게 헌신하고 그분을 섬기기로 굳게 마음먹을 때 그분은 우리에게 그분의 일을 믿고 그분을 신뢰하고 그분의 일하심을 받아들일 것을 원하신다.

실제적인 삶에서 채우시는 복

우리의 노력으로 얻을 수 없는 유익들도 있다.

출애굽기 23장 25절은 "여호와가 너희의 양식과 물에 복을 내리고"라고 말씀한다. 그렇다! 그분은 날마다 먹는 우리의 떡, 즉 우리의 일용할 양식에 복을 내리실 것이고, 우리에게 필요한 것들을 그때그때 공급해주실 것이다. 그런데 그냥 하시는 것이 아니라 우리의 믿음을 보고 그렇게 하실 것이다.

내 삶이 지금처럼 될 수 있었던 것은 그분을 믿는 내 믿음 때문이다. 그분을 믿는 내 신앙이 커질수록 내 삶은 그분이 원하시는 방향으로 더욱더 성장해간다.

이런 것을 오직 영적인 차원에서만 바라보는 사람들이 있지만, 또 어떤 이들은 이런 것을 그들의 실제적 삶의 관점에서 이해한다. 하나님을 믿는 내 신앙에는 영적인 측면도 있지만, 거기에는 또한 실제적 측면들도 있다. 그분이 이끄시는 길을 따라갈 때 나는 그분을 의지하며 믿음을 가져야 한다.

나를 보내실 때 그분은 내가 아무 준비 없이 가도록 하지 않으신다. 그분은 내게 맡기실 일을 위해 나를 훈련시키시는데, 나는 믿음에 힘입어 그분의 거룩한 이름으로 그 일을 받게 된다. 그분께 훈련받지 않고 내 힘으로 그 일을 이루려고 하면 좌절에 빠질 수밖에 없다. 하나님은 삶 속에서 방향을 지시해주실 텐데 그것을 알기 위해 노력하는 사람은 그분이 예비하신 것도 발견하게 된다.

하나님은 "너희 중에서 병을 제하리니"(출 23:25)라고 말씀하신다. 우리가 믿음으로 건강을 구할 때 건강이 우리 것이 된다. 그분은 우리의 신체와 관련해서도 복을 주기 원하시기 때문에 우리는 그런 복을 그분께 기대해도 좋다.

작은 자를 위해 큰일을 행하시는 하나님

오래전에 우리 교회의 교인이었던 패트릭은 교회의 집회 시간에 발코니에 앉아 있었다. 그러다가 설교단 앞으로 나오라는 설교자의 말을 듣고 설교단까지 달려가 무릎을 꿇었다.

나중에 어떤 사람이 그에게 "패트릭, 왜 설교단까지 뛰어갔습니까?"라고 묻자 그는 이렇게 대답했다.

"설교자에게 초대의 말을 들었을 때 나는 무엇인가 잘못된 것이 있으므로 아래로 내려가 그 문제를 해결 받아야 한다고 느꼈습니다. 내게 '패트릭, 저기 설교단으로 내려가라'라는 음성이 들렸지만, 또 다른 음성은 내게 '패트릭, 내려가지 마라'라고 말했습니다. 나는 두 번째 음성이 누구의 음성인지 알았습니다. 마귀의 음성이었습니다. 나는 설교단까지 걸어서 가지 않고 뛰어서 가기를 원했습니다. 서둘러서 아래층으로 내려간 것은 내가 설교단으로 간다는 것을 마귀에게 보여주기 위해서였습니다."

패트릭은 최고급 호텔에서 주방장으로 일했다. 그와 그의 아내에게는 20대의 아들 로렌스가 있었지만 그 젊은이는 태어날 때부터 걷지 못했다. 패트릭은 하나님이 아들을 고쳐주실 것이라고 믿었지만, 그분은 고쳐주지 않으셨다. 어느 날 그는 하나님께 "제 아들이 치료될 때까지 저는 아무것도 먹지 않겠습니다"라고 말씀드렸다. 그것을 안 그의 아내가 그에게 "패트릭, 그것이 지혜로운 방법이라고 생각해요?"라고 물었을 때 그는 "하나님과 내게 맡겨줘요"라고 대답했다.

그리고 그는 출근했다. 첫 번째 날은 그렇게 나쁘지 않았지만 두 번째 날과 세 번째 날은 정말 힘들었다. 상류층이 드나드는 고급 레스토랑에서 상류층 손님들이 먹을 환상적인 음식을 접시에 담고 있었으니 얼마나 힘들었겠는가! 하지만 그래도 계속 버티며 아내에게 "로렌스가 고침을 받을 때까지 나는 금식해요. 하나님을 의지하는 것입니다"라고 말했다.

어느 날 아침 그는 방안을 꽉 채우는 것 같은 아내의 비명 소리를 들었다. 아내가 있는 방안으로 뛰어 들어가 "무슨 일이요?"라고 물었을 때 아내는 "보세요! 보세요!"라고 말했다. 로렌스가 완전히 고침을 받아 온 방을 뛰어다니고 있었다!

지금 나는 모든 사람이 패트릭처럼 해야 한다고 말하려는 것이 아니다. 그렇게까지 하고 싶은 생각은 없다. 사실 나는 일부 치유사역자들에게 동의하지 않는다. 단지 나는 "그 누구에게서도 도움을 받을 수 없었던 그 소박한 마음의 소유자를 위해 하나님께서 큰일을 행하셨다"라고 말하고 싶을 뿐이다.

생명은 사명을 마치는 데 달렸다

하나님은 "내가 너의 날 수를 채우리라"(출 23:26)라고 말씀하신다. 그분의 뜻이 좌절되는 경우는 없다. 우리가 가는 길에는 싸움들이 있고, 그것들은 시련과 환난처럼 우리가 견뎌야 하는 것들이다. 당신은 구약을 읽고 요셉과 욥 그리고 다른 하나님의 사람들이 어떻게 그분을 섬기고 신뢰했는지를 보기만 하면 된다. 그들은 약속의 땅에서 그분을 섬기기 위해 많은 싸움을 해야 했지만, 그분을 믿는 믿음으로 승리하여 그분이 인도하시는 곳에 이르렀다.

하나님은 '때 이른 사망'을 허락하지 않으신다. 하나님이 어떤 사람에게 맡기실 일이 있고 그 사람이 그 일에 헌신한다면 그분은 그를 데려가지 않으신다. 내가 그분의 뜻대로 사명을 다 감당하여 내 일을 끝냈을 때, 바로 그때가 내 인생이 끝나는 시점이다.

비극들은 없다. 내 삶의 각 단계에서 일어나는 모든 일은 하나님께서 다음 단계를 위해 나를 준비시키고 나를 만드시기 위해 내게 보내신 사건들이다. 때로는 우리가 혹독한 고난을 겪게 되지만, 그 결과 우리는 그분이 이끄시는 방향으로 나아가게 되고 그분을 신뢰하는 믿음을 갖게 된다.

우리는 우리가 왜 그토록 혹독한 시련을 겪어야 하는지를 모를 수 있다. 가장 큰 문제는 문제가 정말로 무엇인지를 모르는 것이다. 우리는 문제들이 아니라 그 문제들의 '해결자'에게 관심의 초점을 맞추어야 한다.

마귀는 하나님이 우리를 이끌어 가시려는 곳으로부터 우리의 관심을 떼어놓으려고 시도한다. 그의 시도는 상당히 성공을 거두기 때문에 우리는 우리 힘이 아닌 하나님의 힘에 의지하여 일어나 원수에게 대적해야 한다.

큰 비극은 이것이다. 즉, 우리가 그분의 뜻에 저항하면 그분이 조기에 우리를 데려가실 수도 있다는 것이다. 그분의 뜻을 이루어드리지 못한 채 조기에 죽는 것이 어떤 것인지 상상해 보라.

우리에게 시련과 유혹이 있는가?
어딘가에 어려움이 있는가?
낙심하지 말아야 하니

기도로 주님께 맡겨라

그토록 신실한 친구를 만날 수 있을까?

우리의 모든 슬픔을 나눌 수 있는 친구를!

예수님은 우리의 연약함을 모두 아시니

기도로 주님께 맡겨라

_조셉 M. 스크라이븐(Joseph M. Scriven)

〈죄짐 맡은 우리 구주〉(새찬송가 369장)

CHAPTER
15

복과 전쟁이
다 우리 앞에 있다

오 하늘의 아버지시여,

예수님의 귀한 이름으로, 당신이 저를 위해 준비하신 것을 얻고자 당신 앞에 저와 저의 마음을 엽니다. 당신이 저의 길을 아시오니 저는 당신의 뜻을 따라가는 길에서 인도를 받고 힘을 얻기 위해 당신을 날마다 믿고 의지합니다. 아버지시여, 제가 저의 주변 사람들에게 감동을 주게 하셔서 그들이 저를 보지 않고 주 예수님을 보게 하소서. 오 아버지시여, 저를 당신의 영광으로 채우소서! 보는 자들이 놀랄 만한 은혜로 저를 채우소서. 저를 위해 준비하신 길에서 저를 인도하시고, 제 마음이 범사에 당신께 순종하게 하소서.

예수님의 이름으로 기도합니다. 아멘.

더 깊은 삶으로 들어가라

'낮의 구름과 밤의 불'이라는 주제를 깊이 검토할 때 나는 이것이 현재의 내 삶에도 적용된다는 것을 보게 된다. 구약성경은 신약성경의 신학과 오늘날 우리 신학의 기초이다. 하나님께서 이스라엘을 어떻게 인도하셨는지 이해하는 것이 그분이 오늘날 우리를 어떻게 인도하고 계시는지를 이해하기 위한 기초가 된다.

이런 점을 생각할 때, '더 깊은 그리스도인의 삶'이라는 메시지에 대한 사람들의 새로운 관심이 내 눈에 보이기 시작한다. 사람들의 마음에 일반적인 수준의 삶보다 더 깊은 삶에 대한 호기심이 있다. 그들은 눈으로는 평균적 수준의 그리스도인의 삶을 보지만, 마음으로는 그런 삶보다 더 깊고 더 강한 그 무엇을 보고 싶어 한다.

우리 그리스도인들은 '더 깊은 삶'(the deeper life)에 대한 열정을 더욱더 뜨겁게 가질 필요가 있다. 이런 삶은 하나님이 우리를 위해 계획하신 것이다. 그분의 지시에 따라 이스라엘 민족이 애굽을 떠나 약속의 땅으로 간 사건은 '더 깊은 삶'이 어떤 것인지를 우리에게 가르쳐 주는 비유적 사건이다. 우리가 알아야 할 것은 구약의 신학이 신약까지 이어지고 또 오늘날의 우리에게도 적용된다는 것이다.

이 '더 깊은 삶'을 신자들에게 강조하는 것은 매우 중요하다. 그리스도인들은 너무나 자주, 예수 그리스도를 구주로 영접하기만 하면 모든 것이 다 잘될 것이라고 믿는다. 그러나 그리스도인의 삶은 하나님의 일들 속으로, 또 그분의 마음속으로 더욱더 깊이 들어가야 한다.

오늘날 대부분의 경우, 이것을 강조하는 메시지는 발견되지 않는다. 너무나 많은 사람이 기독교를 죽은 후에 천국 가게 해주는 일종의 보험증서로 본다. 기독교를 하나님의 마음속으로 안내해주는 지도라고 보는 사람은 별로 없다.

그러나 분명히 알라. 그분을 개인적으로 만나고 그분과 함께 교제를 즐기는 것이 없다면 기독교는 아무것도 아니다! 단지 또 하나의 종교에 불과할 것이다.

하나님은 약속의 땅을 보여주려 하신다

출애굽기 23장을 보면 이스라엘 민족은 애굽에서 나왔지만 아직은 약속의 땅 가나안, 즉 "내가 예비한 곳"(20절) 안으로 들어간 것이 아니었음을 알 수 있다.

내가 볼 때 대부분의 그리스도인들은 출애굽기 23장의 이스라엘 같다. 현재 그리스도인들은 하나님의 모든 복과 영광이 기다리고 있는 약속의 땅을 눈앞에 두고서도 광야에서 목적 없이 방랑하고 있다. 그 땅이 눈에 보이지만 그것을 이해하지도 못하고 그곳에 도달하지도 못한다.

이스라엘 민족이 광야에 있을 때 모세는 가나안 땅을 정탐하기 위해 정탐꾼들을 보냈고(민 13:2, 17-25), 그들은 그 땅으로 들어가 하나님께서 이스라엘을 위해 예비하신 것을 직접 보았다.

이 일은 하나님께서 원하신 것이었다. 나는 그분이 정말로 대단한 현실주의자시라고 믿는다. 이스라엘이 가나안 땅에 들어갔을 때 직면할 현실이 어떤 것인지를 미리 아는 것이 그분의 뜻이었다. 하나님은 그들이 예상치 못한 현실을 보고 놀라는 것을 원하지 않으셨기 때문에 열두 사람을 미리 보내어 그 땅을 정탐하고 돌아와서 보고하도록 하셨다.

그리스도께서도 이런 방법을 줄곧 사용하셨다. 예를 들어 그분은 "이제 일이 일어나기 전에 너희에게 말한 것은 일이 일어날 때에 너희로 믿게 하려 함이라"(요 14:29)라고 말씀하셨다.

하나님은 우리가 예상치 못한 일로 놀라는 것을 원하지 않으신다. 우리가 다 알 수는 없는 것이 많은데, 바로 그 부분에서 믿음이 작동하기 시작한다. 하나님의 말씀을 사모하는 우리가 그분에게 관심을 기울이기만 하면, 그분은 약속의 땅을 우리에게 분명히 보여주신다. 이 진리는 성경의 곳곳에서 발견된다.

복과 싸움, 둘 다 보아야 한다

그분은 약속의 땅이 복으로 가득 차 있지만 거기에는 시련과 싸움도 있다는 것을 우리가 알기를 원하신다. 어떤 그리스도인들은 오직 복만을 보고, 또 어떤 그리스도인들은 싸움만을 본다. 이것은 생각이 서로 다르기 때문이다. 이런 견해의 분열을 극복하고 하나가 되어야 한다. 그러면 복과 싸움이 모두 하나님이 우리를 위해 준비하신 것에 포함된다는 것을 알게 될 것이다.

이제 오늘날의 문제는 낭만주의이다. 이것은 현재 통제불능의 상태까지 되었는데 문화에서뿐만 아니라 교회에서도 그렇다. 우리는 '그리스도인이 된다는 것'을 낭만화(浪漫化)하였고, 가나안의 좋은 점들을 지나치게 강조하고 가나안의 원수들을 무시하였다. 특히, 복음주의 교회들에서 그렇게 되었다. 우리는 달면 삼키고 쓰면 뱉는다. 그리스도인으로서 사는 것이 쉽고 편하다고 사람들에게 말한다.

그러나 사실은 어떤가? 일단 가나안에 들어가면 하루가 멀다 하고 싸워야 한다. 원수는 하나님께서 우리를 위해 준비하신 땅을 우리가 차지하지 못하게 하려고 혈안이 되어 있다. 우리의 원수는 어디까지나 원수일 뿐이므로 우리는 그들과 하나가 되어서는 안 된다.

정탐꾼들이 돌아왔다(민 13:25-33). 그들 중 두 사람은 하나님께서 이스라엘 민족에게 가나안 정복의 문을 활짝 열어놓으신 것을 보았다(민 14:6-10). 나머지 열 사람은 가나안 땅의 거인들을 보았다. 그들의 눈에는 오직 거인들만 보였다. 다수의 견해가 이겼고, 그 결과 이스라엘은 하나님께서 준비해 놓으신 것을 얻을 수 없게 되었다. 열 명의 정탐꾼은 이스라엘 민족 전체를 향한 그분의 열망에 찬물을 끼얹었다.

이런 일은 오늘날도 일어난다. 우리는 우리 눈에 좋아 보이는 것을 강조하느라 사람들의 눈을 가려 그들이 그들 앞에 있는 것을 보지 못하게 한다. 하나님의 말씀에 따라 행하지 않고 다수결의 원리에 따라 행한다. 어떤 이들은 기독교가 민주

주의(민주체제)라고 믿는다. 하지만 그렇지 않다! 기독교는 하나님의 말씀만을 중요하게 여기는 신정체제(神政體制)이다. 내가 그분의 말씀에 순종한다면 나는 그분이 나를 위해 준비하신 길에 서 있는 것이다.

약속의 땅 앞에서 등을 돌린 사람들

다수결에 따라 이스라엘은 하나님께서 그들에게 주신 약속의 땅에 등을 돌렸다. 어떤 상황에서 그들이 돌아섰는지 분명히 기억하라! 그분의 약속이 여전히 그들의 귓가에서 맴돌고, 그들 앞에는 사자가 있고, 그분에 의해 선택된 땅이 그들을 기다리는 상황에서 등을 돌렸다! 결국, 그들은 그들에게 주신 하나님의 약속에 등을 돌린 것이었다.

오늘날 왜 그토록 많은 그리스도인이 조금만 귀찮아 보이거나 고생스러워 보여도 그분의 약속에 등을 돌리는가? "내 형제들아 너희가 여러 가지 시험을 만나거든 온전히 기쁘게 여기라"(약 1:2)라는 야고보의 말을 기억하자. 우리는 우리가 약속의 땅 안에서 기쁨을 얻을 수 있다는 것을 잊고 있다. 물론 우리가 약속의 땅에서 시련과 환난도 겪겠지만, 그 시련과 환난 속에서도 기쁨과 특권과 하나님의 영광이 발견된다.

약속의 땅에 등을 돌린 것은 이스라엘로서는 대담한 결정을 내린 사건이었다. 의지적 결정에 따른 행동으로 그들은 그 땅을 결정적으로 포기했다. 그때 그들은 정반대의 결정을 해서 그 땅으로 들어가 그분이 준비하신 모든 것을 누릴 수도 있었지만, 오히려 그분의 약속에 등을 돌렸다.

오늘날 사람들이 그분이 예비하신 모든 것을 누리지 못하는 이유는 약속의 땅으로 전진해 들어가기를 거부하기 때문이다. 투표에서 얻어지는 다수의 표가 그분의 뜻을 밀어내기 때문에 사람들은 그분이 예비하신 것에 등을 돌린다.

이스라엘의 잘못된 결정이 어떤 결과를 가져왔는지는 민수기 32장 7-13절에 기록되어 있다. 하나님께서 이끌고 가시려는 곳과 반대되는 쪽을 선택했기 때문에 그분의 진노가 그들에게 임했다. 그들을 향한 진노의 불 때문에 그들은 광야에서 40년 동안 떠돌아야 했고, 그 방랑의 세월은 여호와의 목전에서 죄를 범한 자들이 모두 죽었을 때 비로소 끝났다. 방랑의 40년 동안 그들은 그들의 불순종에 대한 대가를 치렀다.

그분이 우리에게 지시하시며 인도하실 때, 또 그분이 우리의 원수를 처리해 주시도록 우리가 그분을 의지할 때 '더 깊은 그리스도인의 삶'은 전진하게 된다. 하나님은 이스라엘에게 그들의 원수를 그분의 원수로 삼고, 그들의 대적을 그분의 대적으로 삼을 것이라고 약속하셨다. 그들은 그분께 순종해도 잃을 것이 없었지만, 그분께 불순종하면 모든 것을 잃게 되어 있었다.

예수님의 마음속으로,
깊이 더 깊이 내가 들어가네
왜 그분이 그토록 나를
사랑하시는지를 알기 위해
왜 스스로를 낮추어 나를
진창에서 들어 올려
구원하고 온전케 하시는지를 알기 위해
길을 잃고 멀리 떠났던 나를

_오스왈드 J. 스미스(Oswald J. Smith)

〈깊이 더 깊이〉

CHAPTER
16

전진하는 자만이
승리한다

하늘의 아버지시여,

당신의 모든 약속에 깊이 감사드립니다. 날마다 그 약속들을 보며 깊이 묵상할 때 이 약속들에서 드러나는 주님의 본성을 깨닫습니다. 아버지, 제가 성령의 능력 안에서 전진하고, 당신이 저를 위해 준비하고 약속하신 것들을 얻게 하소서. 곁길로 빠지지 않게 하소서. 제게 은혜와 믿음을 주셔서 주님을 향해 전진하게 하실 것을 믿습니다.

오 성령이시여, 제가 뒤를 보지 않고 계속 앞을 보게 하소서. 저의 과거가 제 뒤에 있고, 오직 당신의 은혜만이 제가 과거를 극복하도록 도우실 수 있습니다. 그러나 제게 확신을 주시는 당신의 말씀은 성령의 능력과 나타나심 가운데 앞으로 나아가고 있습니다.

오 아버지시여, 이것을 주 예수 그리스도의 이름으로 기도합니다. 아멘.

약속에서 뒷걸음질 치게 하는 다수의 결정

여기서 나는 하나님께서 우리의 전진을 원하신다는 진리를 분명히 제시하지 않으면 안 된다. 앞으로 전진하려면 그분의 약속을 붙잡아야 한다. 많은 이들이 속으로 '하나님의 약속들은 책에서 읽고 생각해보고 화제(話題)로 올리기에는 적합하지만 진지하게 고려할 것은 못 된다'라고 생각한다.

그러나 그분의 모든 약속은 그분의 성품과 본성을 우리에게 드러내준다. 그 약속들을 붙들 때 나는 그분을 전보다 더 많이 이해하게 된다. 그분을 더 많이 이해할수록 후퇴가 아니라 전진에 더욱더 초점을 맞출 수 있다.

이스라엘이 약속의 땅을 보고도 뒷걸음질 친 사건이 오늘날 우리에게도 일어날 수 있다는 것을 알아야 한다. 우리는 전진해서 약속의 땅으로 들어가라는 하나님의 부르심을 들었다. 즉, 우리에게 확신을 주는 약속의 말씀을 들었다. 그러나 어떤 이들은 그분의 부르심에 반발하고 대적하면서, 두려움과 선입견이 만들어낸 악한 보고서를 내놓는다. 그들은 그분을 개인적으로 알지 못하는 자들이다.

가나안 땅을 정탐하고 온 정탐꾼 중 열 명은 부정적인 보고서를 가져왔지만, 다른 두 정탐꾼은 긍정적인 보고서를 내놓으면서 백성에게 전진하라고 격려했다. 그러나 결국 다수의 의견이 받아들여졌다. 다수가 지배하면서 하나님의 약속들에서 뒷걸음질 치는 경우들이 오늘날에도 보인다.

나는 이런 일이 현재 많은 복음주의 교회들에서 일어나고 있다고 생각되어 마음이 무겁다. 사람들은 광신자라는 말을 들을 것이 두려워서 주님과 함께 전진할 기회를 망치고 만다. 온갖 풍성한 복을 가져다줄 수 있는 '더 깊은 삶'이 그들 앞에 놓여 있지만, 다른 사람들에게 광신자라는 말을 들으며 핍박을 받을까 봐 매우 불안해한다. 그리스도를 전하기 위해 사람들에게 접근하려면 문화를 잘 알아야 한다는 잘못된 생각이 그들에게 팽배해 있다.

그러므로 하나님의 임재를 느끼지 못하게 하는 장애물이 그들을 전혀 가로막지 못할 정도로 그들이 예수 그리스도에게 온전히 사로잡히도록 하는 것이 우리의 의무이다. 바로 낮의 구름과 밤의 불이 우리에게 방향을 알려주면서 앞으로 전진하도록 격려해준다.

그리스도 안에서의 풍성한 삶은 거의 모든 면에서 우리 주변의 문화와 충돌한다. 우리의 가나안, 즉 '더 깊은 삶'을 눈앞에 두고도 다수의 결정 때문에 뒷걸음질 친다면 하나님이 우리를 위해 예비하신 약속과 복을 잃게 된다.

그분은 우리가 전진하고 싸울 준비를 다해두셨다

훗날 이스라엘의 새 세대는 여호수아와 갈렙의 지도에 따라 약속의 땅으로 들어가고 원수들을 무찌르고 하나님이 준비해놓으신 것을 받았다.

물론 그러기 위해서는 전쟁을 해야 했다. 역사를 되돌아보고, 그 속에 있었던 부흥과 개혁 그리고 성령의 모든 일하심을 보라. 교회가 편안함에 빠져버리면 하나님께서 교회를 위해 준비하신 것을 망각하고 만다는 것이 역사의 교훈이다.

그런데 우리는 불편해지는 것을 싫어하고 편해지는 것을 좋아한다. 그뿐만 아니라 우리의 교회로 찾아오는 사람들이 편해지기를 원한다. 그들의 등을 두드리며 "여기서 우리는 친구입니다"라고 말한다.

오늘날 우리에게는 여호수아와 갈렙의 지도력을 가진 사람들이 있어야 한다. 여호수아와 갈렙 같은 사람들이 나와서 지도력을 발휘하는 가운데 전진하여 우리 앞에 놓인 싸움들을 이겨내야 한다.

이 분명한 진리를 무시하면 심각한 결과가 초래될 수 있다. 너무나 자주 우리는 과거의 이스라엘처럼 가나안 땅 앞에 서서도 광야와 사막을 오히려 더 좋아하기 때문에 하나님의 선물을 놓쳐버리곤 한다.

전진하지 않는 것은 그분이 우리를 위해 준비하신 것을 놓치는 것이다. 자, 이제 분명히 알자! 그분이 길을 만들어놓으셨다면 그분은 또한 그 길을 갈 수 있도록 우리를 준비시키셨다. 그 길에서 어떤 어려움이 예상된다 할지라도!

그분은 그 길의 장애물 때문에 놀라지 않으신다. 그분은 앞길에 무엇이 있는지를 다 아시며, 우리를 어떻게 훈련시켜야 할지를 아신다. 그러므로 우리에게 필요한 것은 그분의 능력 안에서 전진하고 그분의 지혜를 신뢰하는 것이다. 자주 우리는 우리의 힘과 능력으로 어떻게든 해보려고 하지만 아무 결과도 얻지 못한다.

우리는 성령의 능력과 나타나심 가운데 전진하여, 그분이 우리를 위해 계획하신 모든 것을 얻어야 한다. 가나안에 들어가지 못하고 결국 광야에서 죽고 만 이스라엘 세대를 보라. 하나님께서 그들을 위해 준비하신 것을 보았을 때 그들은 크게 실망했던 것으로 보인다.

나는 우리가 조금 뒤로 물러서서 하나님의 약속을 깊이 묵상하고, 우리가 믿는 하나님은 어떤 분이시며 그분이 우리에게 약속하신 것들은 무엇인지를 볼 필요가 있다고 생각한다. 하나님은 언제나 그분의 약속만큼이나 좋으신 분이시다.

주님의 약속을 날마다 새롭게 체험하는 '더 깊은 삶'

이 '더 깊은 삶'은 그분이 약속하신 것들을 날마다 실제의 삶에서 체험한다.

때때로 그분의 약속들은 신체적인 의미를 갖기도 하고, 영적인 의미를 갖기도 하고, 심지어 재정적인 의미를 갖기도 한다. 내 삶이 나 자신뿐만 아니라 내 주변 사람에게도 복이 되도록 해주는 것은 그분의 약속들이다.

이제 내가 해야 할 것은 약속의 땅으로 들어가는 것이다. 물론 그 땅에서는 나의 전진을 가로막으려는 시련과 전쟁이 나를 기다리고 있을 것이다. 그러나 다윗이 골리앗과 싸울 때 그랬던 것처럼 여호와의 이름으로 전진하면, 나조차 의식하지 못했던 능력과 힘이 내게 주어진다는 것을 알게 된다.

이것은 단지 낙관주의나 적극적 사고방식이 아니라 하나님의 일들을 더욱 깊이 체험하는 것이며, 그분의 성품과 본성 안으로 더욱 깊이 들어가는 것이다. 그렇게 더 깊이 들어가면 전에는 체험하지 못했던 하나님을 새롭게 체험하게 된다. 바로 이것이 광야에서 벗어나 약속의 땅으로 들어가 그분의 약속대로 온갖 열매를 즐기는 것이다.

광야에 있을 때 이스라엘은 그 열매를 즐길 수 없었다. 안식일을 제외하고 날마다 주어진 만나를 먹어야 했고, 때로는 그분이 보내주신 메추라기를 먹어야 했다. 똑같은 음식을 날마다, 날마다, 날마다 먹는 것을 상상해보라! 틀림없이 지겨웠을 것이다. 하지만 그 누구를 탓할 수 없었다. 그들은 뿌린 대로 거둔 것이다.

오늘날 많은 이들이 똑같은 것을 거듭, 거듭, 거듭 반복한다. 그들은 그리스도인으로서 자신들의 경험이 늘 똑같은 것에 실망한다. 이런 현상의 원인은 그들이 광야에 있기 때문이다. 하지만 일단 가나안에 들어가면 그 땅의 열매를 통해 영양분을 섭취할 것이고, 그 땅에서의 승리들을 즐길 것이다.

승리를 얻기 위해서는 먼저 싸워야 한다는 것을 명심해야 한다. 싸움이 끝나면 그분이 우리에게 약속하신 것들을 즐길 수 있다. '더 깊은 삶'으로 들어가는 것은 이스라엘 민족이 겪어보았듯이 정말로 시련이다. 그들은 광야를 떠났고, 가나안에 들어갔고, 그 후 끝없이 싸웠다.

그러나 전쟁을 겪을 때마다 자꾸 강해졌다. 한 번의 전쟁은 그다음 전쟁을 위해 그들을 준비시키는 것이었다. 하나님이 그들의 편에 서서 인도하셨다. 그들은 낮에는 구름에, 밤에는 불에 의지해 전진했으며 그 누구도 그들을 막을 수 없었다.

이런 '가나안 체험'의 문은 그분을 더 잘 알기 원하는 모든 그리스도인에게 활짝 열려있다.

천국의 땅을 보니 평화와
풍요의 복을 받은 곳이로다
거룩한 자유와 끝없는
안식의 땅이로다
거기에는 젖과 꿀이 흐르고,
기름과 포도주가 넘치고,
자비의 면류관을 쓴

생명나무들이 영원히 자라도다

_다니엘 벤 유다(Daniel ben Judah)의 작품으로 추정.

토머스 올리버즈(Thomas Olivers)의 의역

〈주 우리 하나님〉(새찬송가 14장)

CHAPTER
17

어제의 믿음 대신
오늘과 내일의 믿음으로

하늘의 아버지시여,

제가 경외심으로 충만하여 당신을 바라봅니다. 당신이 저의 경배를 원하시니 놀라울 뿐입니다. 당신을 경배할수록 제 마음에 기쁨이 넘쳐 당신을 더욱 경배하게 됩니다. 당신이 당신의 말씀에 얼마나 충실하신지를 제가 알게 하소서.

오 아버지시여, 당신이 저를 위해 예비하신 복을 당신의 말씀 안에서 찾을 수 있다는 것을 깨닫도록 저를 도우소서. 저는 아무것도 얻을 자격이 없는 자입니다. 제가 당신께 감사하는 한 가지는 제가 받아야 마땅한 것을 저에게 주시지 않는 것입니다. 오히려 당신은 제 능력으로는 도저히 얻을 수 없는 은혜와 자비를 제게 주십니다. 저는 당신의 신실하심에 감동받아 어떤 상황에서든 당신께 순종합니다.

저의 주님 예수 그리스도를 통해 당신의 이름을 찬양합니다. 아멘.

경박함을 버리고 경외심을 길러라

우리 앞에 보냄을 받으신 사자(使者)에 대해 우리에게 주어진 교훈은 완전히 정신 차리고 경외의 마음으로 조심하라는 것이다. 이 교훈이 내가 말하려는 내용의 핵심이다. 경외는 하나님께 순종하도록 문을 열어준다. 만일 우리가 그분께 순종하지 않으면 그분이 원하시는 곳에 이르지 못할 것이며, 그분이 원하시는 때에 그곳에 이르지도 못할 것이다.

이스라엘에 주어진 하나님의 약속은 "내가 사자를 네 앞서 보내어 길에서 너를 보호하여 너를 내가 예비한 곳에 이르게 하리니"(출 23:20)라는 말씀이었다.

이스라엘이 순종하여 그분 앞에서 경외심을 갖고 살았을 때 그들의 눈에는 그분의 신실하심이 보였다. 오늘날 우리의 교회에 부족한 한 가지 요소는 바로 이 경외심이다. 우리는 세상의 영향을 받아 경박하고 되는대로 살기 때문에 그분에게 마땅히 드려야 할 예배를 드리지 못하게 된다. 경외심이 있어야 그분의 존전으로 나아갈 수 있으므로 우리는 그분을 경외하는 마음을 계속 길러나가야 한다.

이스라엘이 낮에는 구름 아래에서, 밤에는 불 아래에서 살았던 것을 상상해보라. 하나님의 놀라운 임재를 알고 경험하는 것보다 더 경탄스러운 일이 있겠는가? 만일 누군가 내게 "지금 당신은 왜 그리스도인으로 살아갑니까?"라고 묻는다면 나는 "날마다 삶에서 하나님의 임재를 경험할 수 있기 때문입니다"라고 대답할 것이다.

하나님께서 사람들을 어떻게 다루시는지를 알려고 한다면, 우리 자신과 교회 전체를 위한 현재적 유익들을 믿고 인정하고 받아야 한다. 그분은 일하고 계시고, 행동하고 계시고, 인도하고 계신다. 그런 하나님께서 우리가 우리 앞에 놓인 이 모든 일의 유익들을 얻기를 원하신다.

이 유익들은 우리가 노력으로 얻은 것이 아니라 순종을 통해 그분에게서 받은 것이다. 이것들은 그분이 우리의 수고에 보답하는 의미에서 우리에게 주셔야 하는 것이 아니라, 우리에게 주실 자격이 있는 그분이 원해서 주시는 것이다.

"모세가 죽은 후에 여호와께서 … 여호수아에게 말씀하여 이르시되"(수 1:1). 이스라엘은 이미 40년 전에 가나안으로 들어갈 수 있었으나 하나님의 말씀을 믿고 순종하는 일에 실패했기 때문에 그러지 못했다. 그 오랜 세월 동안 광야의 이곳저곳을 떠돌았던 방랑의 세월은 그들 자신의 잘못 때문이었다. 다른 누구를 원망할 수 없었다.

때때로 우리는 우리 문제들의 대부분이 자업자득(自業自得)이라는 것을 인식하지 못한다. 하나님은 우리를 한쪽 방향으로 이끄시지만, 우리는 지그재그를 그리며 헤매면서, 스스로 만들어낸 온갖 어려움과 문제들에 빠져든다. 이런 것은 본래 그분이 원하시는 것이 아니다. 그분의 계획은 승리의 영광 가운데 우리를 가나안 땅으로 이끌고 들어가시는 것이다.

이스라엘이 방랑의 세월을 보내야 했던 이유는 하나님에게 등을 돌렸기 때문이다. 그분의 언약과 계획과 약속은 여전히 유효했지만, 그들은 그분의 약속에 따라 살지 않았다. 만일 그들이 그분에게 등을 돌리지 않았다면 그분의 약속이 성취되었을 것이다.

사람은 사라져도 하나님은 영원하시다

이제 이스라엘은 모세 없이 생존해 나가야 하는 시점에 와 있었다. 이 점은 굉장히 중요하다. 이것이 당시에는 이스라엘 백성에게 틀림없이 큰 충격이었을 것이다. 한 세대의 사람들 전부가 오직 모세만을 알았다. 그는 백성 중에서 일하시는 하나님의 인도를 상징하는 인물이었고, 그분의 말씀을 대변했다. 그는 하나님과 백성, 그리고 가나안과 백성을 잇는 연결 고리였다.

하나님은 그들에게 격려의 말씀을 분명히 해주셨다. 그리고 그들에게는 그들보다 앞선 사자, 불기둥 그리고 그분이 계시므로 더 이상 모세에게 의존할 필요가 없다고 말씀하셨다. 하지만 나는 이스라엘이 이 말씀의 의미를 이해하기가 쉽지는 않았을 것이라고 생각한다. 그는 하나님을 향한 그들의 충성의 전형(典型)이었다.

하나님의 사람이 사라졌다고 해서 그분이 사라지신 것은 아니다. 이스라엘은 이것을 배워야 했다. 모세가 떠났다고 해서 그분이 그들을 버리신 것은 아니었다.

하나님은 어제의 하나님이실 뿐만 아니라 오늘과 내일의 하나님이시기도 하다. 그런데 대부분의 그리스도인들에게 그분은 오직 어제의 하나님이실 뿐이다. 그들은 과거의 것들을 전부 믿는다. 하지만 미래는 고사하고 현재를 위한 믿음조차 그들에게는 없다. 하나님은 자신이 어제와 오늘과 내일의 하나님이심을 이스라엘 사람들에게 가르쳐주려 하셨다.

또한 그분은 이 진리를 오늘날의 우리에게도 가르쳐주기를 원하신다. 하나님의 계획은 우리 눈앞에 있고 우리를 앞서 있지만 우리는 자꾸 뒤를 돌아보며 과거의 기억 속에서 살아가려 할 때가 너무 많다. 하나님은 우리를 약속의 땅, 복된 땅, 열매의 땅으로 이끌고 들어가기를 원하신다.

지금 우리는 성령의 능력으로 일하고 있어야 한다

힘들 때 주님에게 온전히 헌신하며 신뢰하면, 종국에는 그분이 우리의 상상을 초월하는 일을 행하셨다는 것을 깨닫게 될 것이다.

몇 년 전 내가 해리스버그에 있는 크리스천 퍼블리케이션즈(Christian publications)의 사무실에서 몇 통의 편지를 훑어보고 있을 때 소인(消印)의 날짜가 꽤 오래된 편지 한 통이 눈에 띄었다. 기독교선교연합 교단의 총회 간부 중 한 사람이 보낸 편지였는데 대략 이런 내용이었다. "시카고의 어떤 교회에서 목회한다는 이 토저라는 사람이 누구이길래 감히 A. B. 심슨(Albert Benjamin Simpson, 토저가 속했던 교단 '기독교선교연합'

의 창시자)의 전기를 썼느냐?"

나는 내가 A. B. 심슨의 전기를 쓴 것이 기억나서 혼자 빙그레 웃고 말았다. 내 기억에는 그 전기를 쓴 것이 아주 복되고 감사한 일이었는데, 어떤 다른 사람이 보기에는 내가 그것을 쓸 능력이 없었던 것 같다. 그의 눈이 인간의 관점에서 보기에는, 시카고에 있는 한 작은 교회의 보잘것없는 목회자에게는 A. B. 심슨처럼 위대한 사람의 전기를 쓸 수 있는 역량이 없었던 것이다.

맞다! 내게는 그런 능력이 없었다. 그러나 여기서 하나님께서 일하시는 방법을 보게 된다. 그 편지를 읽을 때 나는 그가 전적으로 옳다는 것을 깨달았다. A. B. 심슨처럼 위대한 사람의 전기를 쓰기 위해 요구되는 달란트나 능력이 내게는 전혀 없었다. 그러나 하나님께서 나를 인도하여 그 전기를 쓰게 하셨을 때 그분은 내게 능력을 부어주셨다!

하나님께서 우리를 인도하여 자신을 위해 어떤 일을 시키실 때 그분은 항상 그 일에 필요한 능력을 우리에게 주신다. 여기서 우리는 순종이 어디에서 시작되는지를 생각해보게 된다. 나는 그분이 내게 어떤 일을 시키시려는지를 알 때 비로소 순종할 수 있다. 그 일과 관련된 여러 가지 문제들에 대해 당장은 다 알 수 없지만, 그분이 내게 일을 시키기 원하신다는 것 하나는 분명히 안다. 그분은 내가 어떤 일을 하기 원하시면 그 일을 이룰 능력과 힘을 주신다.

내가 볼 때, 사실 지금 우리 모두 우리의 인간적이고 개인적인 능력을 넘어서는 일을 하고 있어야 한다. 우리는 우리의 능력 위로 솟아올라 성령의 능력 안에서 살아가야 한다. 우리의 능력으로 감당할 수 있는 일이 아니라 삶 속에서 나타나는 성령의 능력으로만 가능한 일을 지금 하고 있어야 정상이다.

찬양하라, 만복의 근원 하나님을
찬양하라, 그분을
여기 이 땅의 모든 피조물이여!
찬양하라, 그 위에서 그분을
너희 천군(天軍)이여!
찬양하라, 성부와 성자와 성령을

찬양하라, 근원이신 아버지 하나님을
찬양하라, 과정이신 아들 하나님을
찬양하라, 흐름이신 성령 하나님을

찬양하라, 하나님을

여기 이 땅에서 우리 몫으로 주어진 것들이여!

_토머스 켄(Thomas Ken)

〈만복의 근원 하나님〉(새찬송가 1장)

CHAPTER
18

순종하는 자만이
복을 취한다

하늘의 아버지시여,

당신이 제게 놀라운 방법들로 복을 주신 것에 감사드립니다. 그 복이 너무 많아 세어볼 수조차 없습니다. 당신이 제게 복을 주신 모든 방법을 묵상하오니, 그렇게 하면 당신을 향한 경외와 사모의 감정이 제 마음에 충만해집니다. 오 아버지시여, 당신이 저의 경배를 받으신다는 것이 제 마음을 기쁘게 합니다.

아버지시여, 당신이 이루신 모든 것에 감사합니다. 제 인생에 베풀어주신 복으로 인하여 감사드립니다. 저는 제 평생에 계속 당신을 경배하고 찬양할 것을 믿습니다. 내일 제게 무슨 일이 닥칠지라도,

당신이 저를 붙들고 계신다는 것을 압니다.

이것을, 오 아버지시여, 예수님의 이름으로 기도합니다. 아멘.

노력의 보상이 아니라 거저 받는 하나님의 선물

이스라엘은 좋은 곳 애굽을 떠나 나쁜 곳 광야로 향했다. 우리가 고집을 부리며 불순종하면 거의 언제나 하나님은 그것의 결과가 어떤 것인지를 체험하게 하신다. 만일 애굽에서 나온 이스라엘이 그분께 순종하여 가나안으로 들어갔다면 두 가지가 달라졌을 것이다.

첫째, 그들은 모세의 인도하에 가나안으로 들어갔을 것이다. 둘째, 가나안에 실제로 들어가 그분이 그들을 위해 준비하신 복을 즐겼을 것이다.

우리가 노력의 대가로 보상을 받는 것이 아니라 거저 주어지는 선물을 받는다는 사실은 아무리 강조해도 지나치지 않을 것이다. 나는 내 구원을 위해 일하지 않는다. 주 예수 그리스도의 보혈에 의해 구원 얻는 복을 하나님께 받을 뿐이다.

우리는 하나님께서 무엇을 하고 계신지를 알아야 한다. 그분은 우리에게 선물을 주신다! 우리의 노력으로 얻을 수 있는 것은 아무것도 없다. 그분이 "삼림의 짐승들과 뭇 산의 가축이다 내 것이며"(시 50:10)라고 말씀하셨다는 것을 기억하라. 우리가 그분께 무엇을 드린다 해도 그것은 본래 그분의 것이다!

복 받는 길은 협상이 아니라 순종뿐이다

하나님의 복은 언제나 그분께 순종할 때 찾아온다. 이스라엘이 가나안으로 들어가기를 거부했을 때 가나안은 사라지지 않았다. 40년 후에 그들이 순종을 선택하여 결국 그곳으로 들어갈 때도 그것은 여전히 거기에 있었다. 그들을 위한 하나님의 선물은 오랜 세월 동안 그들의 목적 없는 광야방랑이 이어진 후에도 여전히 그들이 받을 수 있는 선물이었다. 그분의 조건을 충족시킨다면 말이다.

그들이 하나님께 전진하여 하나님께서 그들을 위해 준비하신 것을 취하려면 믿음이 필요했다. 이것은 그때나 지금이나 마찬가지이다.

하나님의 복을 얻는 과정이 너무 힘들게 느껴져서 그 복을 거절하는 경우가 얼마나 많은가! 그분은 우리를 위해 오직 복을 준비해 두셨지만, 우리가 주저하다가 발길을 돌려 정반대 방향으로 가는 일이 얼마나 자주 있는가! 그렇게 되는 이유는 앞에 놓인 복을 보지 않고 앞으로 치러야 할 싸움을 보기 때문이다.

하나님의 복을 앞에 두고 그분과 이러쿵저러쿵 협상한다는 것은 있을 수 없다. 그분과 협상하기 위해 우리가 사용할 수 있는 카드가 있을까? 그분의 복을 받는 유일한 길은 우리를 그분께 온전히 드리며 절대적으로 순종하는 것이다.

그분이 우리 앞에 어떤 것을 준비해 놓으셨을 때 우리는 육신의 눈에 보이는 것에 초점을 맞추어서는 안 된다. 불행하게도, 이스라엘은 그렇게 했다. 열두 명의 정탐꾼 중 두 명은 하나님의 영광을 보았지만, 열 명은 오직 거인들만 보았다.

우리에게 일어난 상황을 볼 때 오로지 거인들만 보일 수 있는데, 그렇게 되면 우리는 스스로 그 상황을 해결할 수 없다는 것을 알기에 겁을 집어먹고 등을 돌리게 된다.

흥미롭게도 하나님은 우리의 힘으로는 감당할 수 없는 상황이 우리에게 닥치게끔 하신다. 그렇게 하시는 이유는 그분의 큰 은혜와 능력을 우리가 체험하고 깨닫도록 하기 위해서이다. 그런 상황을 우리가 해결하려고 발버둥치는 것은 감동적인 일이 아니다. 진짜 감동적인 것은 우리가 그것을 해결할 수 있도록 하나님께서 능력과 힘을 주시는 것이다. 어차피 그분이 아니시면 누구도 그것을 해결할 수 없다.

내가 볼 때, 모든 신자가 하나님께 순종하기를 미루는 잘못을 범한다. 그러므로 기억하라. 하나님께서 불순종의 한 세대가 모두 사망한 다음에 이스라엘을 약속의 땅으로 들여보내셨다는 것을.

복의 분량은 순종이 결정한다

사람은 누구나 그가 원하는 만큼만 하나님과 그분의 복을 소유하게 된다. 내가 전에 말했고 지금도 역시 계속하고 싶은 말은 "오늘의 내가 있을 수 있는 것은 내가 그분에게 반응했기 때문이다"라는 말이다. 그분께 무릎을 꿇으려고 할 때 나는 모든 것을 그분께 깨끗이 넘겨드린다.

만일 내 힘으로 문제를 해결하려 한다면 그것에 대한 모든 책임은 내가 지게 된다. 내가 스스로 해결하려다가 생기는 고통과 시간 낭비는 내 마음의 불순종 때문이며, 내가 그분의 방법으로 일을 처리하지 않았기 때문이다.

사람은 누구나 그가 원하는 만큼만 거룩하며, 그가 원하는 만큼만 성령충만해진다. 나는 그분이 내게 주기 원하시는 것들을 모두 갖기 원한다. 그렇게 되려면 물론 시련과 어려움을 통과해야 하지만, 그럴 만한 가치는 충분히 있다.

그분은 자의적(恣意的)으로 복을 주지 않으시고, 다만 우리를 복된 자리로 인도하실 뿐이다. 그러므로 중요한 것은 그분의 음성을 듣고 순종하는 것이다. 우리의 목적지는 우리가 아니라 그분이 정하신다. 모든 것이 우리의 관점에서는 다르게 보인다.

예를 들어, 낮의 구름과 밤의 불을 생각할 때 우리는 '반대되는 것들'을 생각하게 된다. 낮에는 구름이 빛과 대립하고 밤에는 불이 어둠과 대립한다. 이것을 이해하는 것이 쉽지는 않다. 환경은 나를 지배하지 못하며, 오히려 내 안에서 일어나는 하나님의 일하심이 언제나 내 환경과 싸운다. 내게 기쁨을 주는 것은 내 환경이 아니라 내 앞에 보냄을 받은 사자이시다.

우리는 내가 원하는 만큼 하나님을 받아들이기 위해 마음의 문을 여는 존재이다. 그분은 우리가 그분을 얼마나 소유할지를 결정하지 않으신다. 그분을 얼마나 받아들일지를 결정하는 것은 바로 우리 자신이다!

순종과 희생과 선물의 크기는 비례한다

나는 이제까지 이기적인 마음 없이 기도하고 수고해 왔다. 나는 성령께서 이제까지 내 마음에 말씀해 오셨다고 믿는다.

나는 이기적인 야망을 버려야 하며, 그분이 나를 위해 예비하신 가나안을 내 목적지로 삼아야 한다.

하나님께서 내게 주기 원하시는 것을 볼 때, 그리고 내 눈을 통해 보지 않고 주님의 눈으로 보기 시작할 때 나는 나를 희생해서라도 추구해야 할 것이 무엇인지를 보게 된다.

희생이라는 것은 지금 사람들에게 인기 있는 주제가 아니다. 그러나 순종하려면 어느 정도의 희생을 치러야 한다. 순종할수록 희생할 것도 많아진다. 그리고 희생이 클수록 하나님께서 주시는 선물도 더 커진다.

자신의 힘으로 그분이 원하시는 곳까지 갈 수 없다는 것을 알아야 한다. 그렇다! 그분이 우리를 인도하신다. 그곳에 이를 때까지 계속 도와줄 낮의 구름과 밤의 불이 우리에게 있다.

당신의 사랑이 저를 붙드셨으니,
오 귀하신 주여,
얼마나 제가 당신을 찬양하는지요
당신이 저를 구원하고 깨끗케 하고 채우신 것은
당신의 도구로 사용하시기 위함이니이다
오직 도구로만, 거룩하신 주여!

우리를 통해 흐르는

당신의 모든 놀라운 은혜로써

당신은 매 시간, 모든 곳에서

우리를 사용하실 수 있나이다

_메리 E. 맥스웰(Mary E. Maxwell)

〈나의 죄를 정케 하사〉(새찬송가 320장)

A CLOUD BY DAY,
A FIRE BY NIGHT

PART 4

더 깊은
삶으로

CHAPTER
19

지연된 복도
여전히 축복이다

오 하늘에 계신 아버지시여,

주님이 제 삶에 부어주시는 온갖 복으로 인하여 제가 오늘 당신을 찬양합니다. 저의 불순종을 고백하고 회개합니다. 당신께로부터 오는 복을 제쳐놓고 덜 가치 있는 것들을 추구한 것을 자백하고 회개합니다. 오 하나님, 세상과 육신과 마귀에게서 저를 떼어놓으시고, 당신이 저를 위해 준비하신 복을 받아들이게 하소서. 저를 귀찮게 하고 저의 관심을 다른 곳으로 끌고 가려는 모든 것에서 벗어나 오직 당신께만 제 마음이 가게 하소서. 제 앞에 계신 당신만 보고 다른 것들은 보지 않게 하소서. 당신이 제게 주기 원하시는 복이 지연되더라도 낙심하지 않게 하소서. 인내심을 갖고 당신의 때를 기다리도록 도우소서. 당신이 제 삶 안에서, 제 삶을 통해 행하고자 하시는 것을 제가 방해하지 않게 하소서.

이것을, 오 아버지시여, 예수님의 이름으로 기도합니다. 아멘.

하나님의 약속을 믿은 자들이 주목한 것

이제 이스라엘 민족은 강가에 서게 되었다. 모세는 가고 없었다. 황량한 광야에서 불필요하게 방랑했던 40년 세월이 그들 뒤에 있었다. 다시 강조하지만, 그들은 방랑할 필요가 없었다. 하나님께서 그들을 훈련시키시고 또 그들 앞에 가나안 땅을 준비해 놓으셨지만, 그들은 그분께 등을 돌리는 선택을 했기 때문에 40년 동안 헛되이 방랑의 세월을 보냈다.

새 세대가 나타났다. 그들은 그들에게 무슨 일이 일어날지 몰랐고, 그들 앞에는 복된 땅이 있었다. 그 땅은 이미 40년 전부터 즐길 수도 있었던 땅이었다.

여호수아서 1장을 읽으면, 그들을 이끌고 강을 건너라는 사명이 여호수아에게 주어진 것을 보게 된다. 누군가는 남은 백성을 이끌어주며 권면해야 했는데, 여호수아라는 사람이 그들을 데리고 가나안 땅으로 들어가는 책임을 맡게 되었다.

우리가 알듯이 그는 혼자가 아니었다. 우리도 지금 혼자가 아니다. 그 먼 옛날에 그러했듯이, 지금도 우리 앞의 사자가 우리를 약속의 땅으로 인도하실 것이다.

당신도 기억하겠지만, 정탐꾼이었던 여호수아와 갈렙은 이스라엘 백성에게 약속의 땅으로 들어가라고 격려했었다. 이 두 사람은 가나안의 거인들을 보았지만 거기서 그치지 않고 그 뒤에 있는 것, 즉 하나님께서 이스라엘을 위해 예비하신 큰 복을 보았다. 그들은 자기들의 힘으로 무엇을 할 수 있는지에 대해서는 관심이 없었고, 그 땅이 그들을 위한 그분의 선물이라는 것에 주목했다.

가나안을 정탐하고 돌아온 갈렙은 하나님께서 약속하신 것을 얻기 위해 전진하자며 온 이스라엘을 설득하였다. "갈렙이 모세 앞에서 백성을 조용하게 하고 이르되 우리가 곧 올라가서 그 땅을 취하자 능히 이기리라"(민 13:30). 그는 그 땅을 정복할 힘이 그들과 함께 계신 하나님에게서 나온다는 것을 알고 있었다!

하나님은 그분의 약속들을 믿은 갈렙을 잊지 않으셨다. 그분은 여호수아와 갈렙에게 자비를 베푸셨고, 그분의 허락에 따라 그들은 그분의 말씀을 액면 그대로 믿기를 거부한 세대와 달리 살아남았다. 그 세대 중에서 그분의 약속이 성취되는 것을 체험한 사람은 이 두 사람뿐이었다. 갈렙과 여호수아는 하나님께서 그들 편에 서 계시며, 자기들이 외롭게 전진하는 것이 아니라는 것을 알았다.

하나님은 그분의 때를 중요하게 여기신다

인간성의 달갑지 않은 측면을 말할 것 같으면… 그것은 인간이 혼자서는 자기의 길을 찾기 힘들다는 것이다. 인간은 몇 년 동안 광야에서 빠져나올 길을 찾으면서도 좀처럼 빠져나오지 못하고 헤맨다. 그리고 그 길을 찾았다 할지라도 하나님이 누군가를 보내어 그를 격려해주시지 않으면 그 길을 실제로 가는 것은 더욱더 어렵다.

오늘날 교회가 바로 이런 상태에 있다. 지금 교회는 어떤 하나님의 사람이 나타나 그분이 원하시는 방향으로 가도록 촉구하지 않으면 결코 그 방향으로 가지 않는다. 여호수아와 갈렙은 이스라엘이 약속의 땅으로 들어가도록 찌르는 하나님의 사람이었다.

"여호수아가 아침에 일찍이 일어나니"(수 6:12)라는 말씀이 나는 너무 좋다. 그는 하나님의 명령대로 행하기 위해 아침에 일찍 일어났다. 그는 하나님께서 그분의 말씀대로 행하실 것이라고 믿었기에 주저하지 않았다.

당신은 성경을 읽을 때 위대한 신앙인들이 순종을 아주 어렵게 만드는 상황에서도 늘 열의에 차 있었다는 것을 알아챘는가? 지금 내 머리에는 아브라함과 이삭의 이야기가 떠오른다. 아브라함은 하나님께서 그들을 이끌고 가시려는 산으로 가기 위해 이른 아침에 일어났다. 아브라함은 오랜 세월을 기다려서 아들 이삭을 얻었다. 아브라함과 그의 아내 사라는 자식을 낳을 수 있는 나이를 한참 넘긴 후에 이삭을 낳았다. 하나님의 복을 기다릴 줄 아는 인내심이 그들에게 있었다.

때로는 '지연된 복'이 우리가 경험할 수 있는 가장 큰 복이 되기도 한다. 아들을 얻는 것이 늦어진 것은 아브라함의 불순종 때문이 아니라 하나님의 섭리 때문이었다. 그분은 우리를 이끌어 가실 때 타이밍을 매우 중요하게 여기신다. 그러나 우리는 그분의 때를 기다리지 못하고 조바심을 내어 그분보다 앞서가려고 한다.

이스라엘의 복이 지연된 것은 하나님이 하라고 부르신 일을 행하지 않으려고 한 불순종의 결과였다. 다시 말하지만, 타이밍이 중요하다.

장벽은 순종의 발을 내디뎌야 열린다

여기서 우리가 반드시 배워야 할 중요한 교훈은 '지연된 복'도 여전히 하나님의 복이라는 것이다. 그분은 우리의 불순종에 겁을 먹고 물러서지 않으신다. 우리가 불순종하면 이스라엘처럼 그 대가를 톡톡히 치르겠지만, 하나님은 결국 그분의 뜻을 이루실 것이다.

당신은 예수님이 어떤 것에 가장 큰 실망을 느끼실 것이라고 생각하는가? 현대주의(modernism)? 교회들의 눈먼 상태? 진리를 아는 자들의 해이해진 마음? 그분은 가야 할 길을 알면서도 그 길로 가기를 거부하는 자들에게 실망하셨다. 감사하게도, 여호수아는 아침 일찍 일어났다. 자기 앞에 놓인 하나님의 일을 이루려는 열의와 준비를 그에게서 찾아볼 수 있다.

우리는 반드시 하나님의 길을 따라가서 그분의 속죄와 자비를 얻어야 하지만, 거의 모든 이들은 그렇게 하지 않고 광야에서 헤매고 있다. 입으로는 "이곳이 뿔라(Beulah)의 땅이 아닌가!"라고 노래하지만 우리의 실제 상태는 어떤가?

이스라엘 민족은 요단강 속으로 걸어 들어가야 했는데, 실제로 그렇게 한 후에야 비로소 강이 갈라졌다. 그것은 그들이 보여준 담대함과 믿음과 협력이었다. 강물은 그들 앞에 있었고, 그들이 강물에 발을 담갔을 때 물이 갈라졌다.

모든 장애물이 제거되기를 기다리고 있는 사람들이 너무 많다. 그들은 그들을 위해 하나님의 섭리와 기적이 일어나서 길이 평탄해지기를 기다린다. 그러나 이스라엘은 물을 밟고 강으로 들어갔고, 그들이 들어간 뒤에 강물이 갈라졌다는 것에 주목하라.

그리스도인들이 순종하여 강물 속으로 들어가면 강물에 빠져 죽을 것같이 보이지만, 그들 마음속에는 신뢰가 있다. 즉, 하나님께서 그분이 하셔야 할 것을 행하시리라는 믿음이 있기에 그들은 놀라운 믿음의 도약을 시도한다.

당신은 몇 년 동안 허둥대며 헛수고만 해왔다. 복된 땅을 가로막는 장벽 앞에 서서 오랜 세월을 보냈다. 그러나 이제는 일어날 때이다! 만유의 주께서 당신에게 명하신다!

나는 산 위에 거하네

거기서 황금빛 햇살이 발하여

저 땅 위로 비치니

그 땅은 내가 꿈꿀 수 있는

어떤 것보다 훨씬 더 아름답도다

그 땅의 공기는 깨끗하고 영묘하고

꽃들의 은은한 향기로 가득하도다

그 꽃들은 샘 곁에, 사라지지 않는

소박한 오두막 아래에 있네

이곳이 뿔라의 땅이 아닌가!

복되고 복된 빛의 땅이로다

꽃들이 영원히 피어나고

언제나 해가 밝은 곳이로다

_윌리엄 헌터(William Hunter)와 해리엇 워너 레 쿠아(Harriet Warner Re Qua)의 작품으로 추정

〈이곳이 뿔라의 땅이 아닌가!〉

CHAPTER
20

분수령을 넘어
전진하라

하늘의 아버지시여,

앞으로 나아가는 저의 여행은 절대적 진리의 여행입니다. 당신을 믿는 믿음이 저를 한 걸음 한 걸음 앞으로 밀고 나아갑니다. 이 길에서 제게 힘을 주시니 당신을 찬양합니다. 당신이 없었다면 저는 오래전에 실패했을 것입니다. 당신이 저에게 신실하셨기 때문에 제가 당신께 신실할 수 있었습니다. 아주 어려운 시기들을 통과할 수 있도록 도우셨으므로 당신을 찬양합니다. 저 혼자 헤쳐나가야 했다면 틀림없이 저는 잘못된 길로 갔을 것입니다.

또한 저는, 오 주여, 당신이 저의 다음 발걸음도 책임지신다는 것을 믿습니다. 저는 당신이 저를 어느 곳으로 데리고 가실지 모르지만 옳은 길로 데려가신다는 것은 분명히 압니다. 제 삶의 방향을 저 스스로 결정했던 것을 용서하소서. 그러나 지금은 당신이 저를 옳은 길로 계속 가게 하시는 것을 감사드립니다.
주 예수 *그리스도*의 이름으로 이 기도를 드립니다. 아멘.

되돌릴 수 없는 분수령의 사건

이제 이스라엘은 여호수아의 지도하에 요단강을 건너 약속의 땅으로 들어갈 준비를 했다. 언약궤가 요단강 가운데의 마른 땅 위에 서야 했던 것은 분명한 선이 그어졌기 때문이었다. 이스라엘은 일단 그 선을 넘으면 다시는 뒤로 돌아갈 수 없었다.

> 여호와의 언약궤를 멘 제사장들은 요단 가운데 마른 땅에 굳게 섰고 그 모든 백성이 요단을 건너기를 마칠 때까지 모든 이스라엘은 그 마른 땅으로 건너갔더라 수 3:17

이스라엘 사람들은 그 선을 넘었고, 고비를 맞았다. 아무리 약하게 표현해도, 그 일은 기억에 남을 만한 사건이었다. 결국 그들은 하나님께서 그들을 데리고 가기 원하셨던 곳에 이르게 되었는데, 이런 사건들은 항상 위기의 경험이지만, 그렇다고 되돌아가는 것은 용납되지 않는다.

나는 이것이 하나님께서 일하시는 방식이라고 믿는다. 하늘과 땅을 만드신 그분의 천지창조 사건에서도 알 수 있듯이, 그분은 한 번 이루신 것을 다시 되돌리지 않으신다. 에덴동산에서 일어난 인간의 타락도 아담과 이브가 되돌릴 수 없는 분수령의 체험이었다.

이것은 출생, 사망 그리고 심지어 회심 같은 인간의 체험에도 해당된다. 이런 것들은 모두 우리 삶에서 특정한 선을 넘은 지점이며, 한번 선을 넘으면 그 이전으로 돌아갈 수 없다.

성령충만은 우리가 받을 수도 있고 그냥 지나쳐버릴 수도 있는 '되는대로 하는 체험'이 아니다. 성령충만의 이전과 이후를 가르는 영적 선이 그어지는 분수령 체험이며, 그 선을 넘으면 하나님이 약속하신 땅으로 들어가게 된다.

분수령을 체험함에 따라 우리는 성장, 발전하게 되고 그 결과로 주변의 땅을 정복하게 된다. 일단 분수령의 그 영적 선을 넘으면, 오직 성령께서 그분께 굴복한 사람의 삶에서 계획하고 끌어가시는 새로운 체험이 시작된다.

여호수아가 이스라엘 백성을 이끌고 요단강을 건넜을 때 그들은 하나님께 무릎 꿇은 사람들로서 그 강을 건넌 것이었고, 그들이 이전에 경험해보지 못한 것들이 그들을 기다리고 있었다.

하나님이 행하시는 모든 것 또는 그분이 우리에게 시키시는 모든 것 뒤에는 항상 그만한 이유가 있다. 여호수아서 4장을 읽으면, 여호와께서 여호수아에게 열두 돌을 세워 기념으로 삼으라고 말씀하신 것을 보게 된다. 그 열두 돌은 이스라엘의 열두 지파가 '되돌아갈 수 없는 선'을 넘었다는 것을 말해준다.

우리와 다음세대를 위한 기념석

우리에게는 하나님께서 우리 삶에서 어떤 일을 행하고 계시는지, 하나님께서 어떻게 우리를 인도하여 '되돌아갈 수 없는 선'을 넘게 하셨는지 기억하게 해줄 어떤 표지물(標識物)이 필요하다.

이런 표지물은 대개 개인적인 성격을 지니지만, 집단의 차원에서도 필요할 수 있다. 왜냐하면 우리를 인도하시는 하나님께서 우리가 후퇴하지 않고 성령의 능력 안에서 전진하기를 원하신다는 것을 상기시켜주기 때문이다.

여호수아가 세운 열두 기념석은 이스라엘의 다음세대에 교훈을 주기 위한 것이었다. 훗날 이스라엘의 자녀들이 그것을 볼 때마다 부모들은 하나님께서 그들의 조상을 어떻게 인도하셨는지, 어떻게 요단강을 건너게 하셨는지, 또 그 조상들의 앞길을 준비하셨는지 설명할 것이었다. 하지만 그들은 자신들의 과거로부터 등을 돌렸다.

때때로 우리는 과거에 너무 사로잡혀서 그분이 지금 하고 계신 일을 보지 못한다. 여호수아가 세운 기념석은 뒤를 보지 말고 앞으로 계속 나아가야 한다는 것을 이스라엘에게 상기시키는 것이었다.

나는 오늘날 우리의 기독교가 '모호한 기독교'로 너무 변질되어 버렸다고 생각한다. 이런 기독교를 정말 기독교라고 부를 수 있다면 말이다. 이 말은 지나친 말이 아니다. 우리의 기독교에서 아주 많은 것들이 분명한 의미를 갖지 못하는 모호한 것이 되고 말았다. 이제 기독교는 문화와 너무 섞여버려서 이 둘을 구분하는 것이 아주 어려워졌다. 현재 세상과 기독교를 가르는 뚜렷한 선이 그어져 있지 않다.

어떤 사람이 교회에 찾아와 옛 친구를 우연히 보고 그에게

다가가 말한다. "빌, 잘 지냈나? 네가 교회에 다니는 걸 나는 몰랐네. 네가 그리스도인이라는 것조차 몰랐어."

나는 어떤 사람이 진정으로 그리스도인이라면 그것이 다른 사람들에게 알려지지 않을 수 없다는 것을 강조하고 싶다. 만일 그가 그리스도인이라면, 그 사실에 대해서는 사람들의 생각에 의문의 여지가 없어야 한다.

그것은 아기가 태어난 것과 비슷하다. 우리가 아기가 태어났음을 아는 것은 아기가 바로 우리 앞에 있기 때문이다. 그것에 대해서는 의문의 여지가 없다.

거듭난 그리스도인의 경우도 그와 똑같다. 그의 영적 체험은 진짜이다. 거듭난 그리스도인에게도 갈등이 있고 고통과 수고가 있지만, 결국에는 하나님의 속량하시는 능력의 햇빛 속으로 들어가게 된다.

선을 넘었다면 반드시 그 표시가 있다

여기서 나는 몇 가지 합리적 결론을 말하고 싶다.

선을 넘었다는 것을 모른다면 선을 넘은 것이 아니다. 언제 그렇게 했는지를 모른다면 그렇게 한 것이 아니다. 선을 넘는 체험을 했다는 것은 그 일이 실제로 일어났다는 의미이다.

이것은 그리스도인으로서 우리의 기독교적 체험의 다른 측면에도 해당된다고 나는 믿는다.

당신이 자신을 거룩하게 구별하여 주님께 드렸다는 것을 알지 못하고, 언제 그렇게 성별했는지를 알지 못한다면 아마 당신은 당신의 삶을 그분께 드리지 않았을 것이다.

당신이 언제 주님께 복종했는지를 모른다면 그분께 복종한 것이 아니다. 당신이 언제 성령충만 받았는지를 모른다면 성령충만을 받은 것이 아니다.

이러한 개인적 체험들은 그리스도와 동행하는 삶 속에서 나타나는 중대사건, 즉 랜드마크(landmark)이다. 요단강을 건넜음을 상기시켜주는 기념석이 이스라엘 민족에게 있었듯이, 그리스도와 동행하며 체험한 것들을 기억나게 하는 기념물이 우리에게도 있다. 우리의 회심, 성령충만 그리고 그리스도에게 복종한 것, 이런 것들은 모두 하나님과의 만남을 기억나게 해주는 랜드마크이며 기념물이다!

어떤 사람이 자기가 장차 천국에 갈 것임을 지금 알지 못한다면, 그 사람은 천국에 가지 못할 것이다. 천국에 가느냐 또는 가지 못하느냐 하는 문제는 추측으로 확인되는 것이 아니다. 그것은 우리가 그리스도와 동행하고 있다는 것을 온전히 확신시켜주는 개인적 체험으로 확인된다.

순종으로 선을 넘을 때 장애물이 녹는다

요단 서쪽의 아모리 사람의 모든 왕들과 해변의 가나안 사람의 모든 왕들이 여호와께서 요단 물을 이스라엘 자손들 앞에서 말리시고 우리를 건너게 하셨음을 듣고 마음이 녹았고 이스라엘 자손들 때문에 정신을 잃었더라 수 5:1

아모리 족속과 가나안 족속이 두려움에 빠진 것은 놀랄 일이 아니다. 이미 여호수아서 4장 24절에서 하나님은 "이는 땅의 모든 백성에게 여호와의 손이 강하신 것을 알게 하며 너희가 너희의 하나님 여호와를 항상 경외하게 하려 하심이라"라는 말씀으로 약속해주셨다. 약속의 땅에 거주하는 족속들은 자기들이 감당할 수 없는 적에 맞서 싸워야 한다는 것을 어떤 이유로든 이미 알고 있었다.

하나님께서 우리를 위해 그어놓으신 선을 우리가 일단 넘으면 우리의 장애물들이 녹기 시작한다. 이것은 그리스도인으로서 살아가면서 체험할 수 있는 것이다.

그 장애물들은 우리 삶 속에서 인도하시는 성령의 불을 견디지 못한다. 그것들은 처음 보면 매우 흉포하고 난공불락인 것처럼 보이지만, 우리가 하나님께 순종하고 하나님께 굴복하며 그분이 우리를 위해 그어놓으신 선을 일단 넘으면 그 장애물들은 사라지기 시작한다. 그것들이 우리를 이길 수 없기 때문이 아니라 하나님을 이길 수 없기 때문이다. 자신이 원하시는 방향으로 우리를 이끌어 가시는 그분을 어찌 이길 수 있겠는가?

우리는 그분이 원하시는 방향으로 갈 때 승리를 체험하기 시작한다. 우리는 날마다 승리를 얻게 되고, 그분은 약속의 땅 안에서 우리를 이끌어 가시면서 계속 승리를 허락하신다.

내 앞의 장애물들이 녹아 없어지는 것과 여호와의 이름으로 승리를 얻는 것만큼 내가 하나님과 함께한 체험을 가장 분명하고 확실하게 증명해주는 것은 없다.

당신이 그리스도께 온전히 굴복했다고 말한다고 해서 다 되는 것이 아니다. 그 굴복을 말해주는 증거와 증인들이 있어야 한다. 당신이 그분께 무릎을 꿇었는데 아무도 그것을 눈치채지 못한다는 것은 있을 수 없다.

당신이 세상을 버렸음을 말해주는 분명한 증거도 마찬가지이다. 말로만 세상을 버려서는 안 되고 행동으로도 버려야 한다. 그렇게 할 때 우리 주변의 사람들은 우리가 주변의 세상과 거리를 두고 변화된 삶을 산다는 것을 알게 될 것이다.

당신이 요단강을 건너 약속의 땅으로 들어갔다고 말하는 확실한 증거가 반드시 있어야 한다. 요단강을 걸어서 건너가 하나님이 예비하신 땅을 차지했다는 당신의 간증에 힘을 실어 주는 증인들은 어디에 있는가?

우리가 치러야 할 싸움들이 우리 앞에 도전해오고 있다. 이 싸움들을 거치면서 우리는 '더 깊은 삶'으로 들어가게 된다. 하나님이 우리를 인도하시고, 그분이 정해 놓으신 길에는 전투가 있다. 전투를 치러야만 승리를 맛볼 수 있다.

그리스도인이여, 갑옷을 동여매라

승리를 거두어야 하리니

주님을 위하여, 주님을 위하여

투구와 검과 방패를 갖고

전쟁터로 나아가라

그분 말씀에 따라, 그분 말씀에 따라

우리는 승리를 향해 진군하리라

예수님이 우리의 대장 되시리라

예수님이 우리의 대장 되시리라

우리는 승리를 향해 진군하리라

영광스러운 최후 승리를 향해

_엘리사 A. 호프만(Elisha A. Hoffman)

〈승리를 향해〉

CHAPTER
21

약속의 땅에 **뿌리 내리기**

저의 거룩한 성령이시여,

약속의 땅으로 저를 신실하게 인도해주심을 깊이 감사드립니다. 제가 곤경에 처한 시간이 있었음을 인정하오니, 이는 제가 당신을 진정으로 신뢰하지 않았기 때문입니다. 저를 용서하소서, 오 성령님, 당신을 의심하고 제힘으로 문제를 해결하려 한 것을 용서하소서. 놀라운 방법으로 저를 인도해 오신 당신을 찬양합니다. 저를 인도하시고 제게 지시하시는 당신의 능력이 저의 잘못과 실패에도 불구하고 조금도 줄어들지 않았으므로 당신을 찬양합니다. 저를 오래 참아주셔서 정말 감사합니다.

기도하오니, 오 성령이시여, 제가 다른 신자들을 향해 길게 참으려고 노력할 때 당신의 참으심이 제 삶을 통해 나타나게 하소서. 당신의 은혜와 능력이 날마다 저의 힘이 되게 하소서.

예수님의 귀한 이름으로 기도합니다. 아멘.

가나안 정복 이후 세 가지 결과

이제 이스라엘은 약속의 땅 안에 들어와 있다. 그들은 지난 과거를 뒤로 한 채 여호수아의 지도하에 전진하고 있었다. 열두 돌로 만들어진 기념석이 세워졌고, 그들은 가나안 땅을 정복하고 있었다.

기념석을 세우고 그 땅을 성공적으로 정복해나감에 따라 세 가지 결과가 발생했다.

할례

첫 번째 결과는 여호수아서 5장 2-9절에서 발견되는데, 그것은 이스라엘이 할례를 받은 것이다.

할례는 하나님께서 그분의 백성에게 주시는 표지(標識)였고, 이스라엘 민족의 오랜 전통이었다. 할례의 전통은 그분이 아브라함에게 "너희 중 남자는 다 할례를 받으라 이것이 나와 너희와 너희 후손 사이에 지킬 내 언약이니라"(창 17:10)라고 명령하심으로써 시작되었다.

이 전통은 이스라엘이 애굽에서 나온 후에 모세의 지도하에 다시 시작되었다. 애굽에서 살 동안에는 할례의식을 행하지 않았었다. 그들은 하나님의 허락에 따라 가나안 땅에 들어가기 전에 이 '여호와께 드리는 봉헌의식'을 다시 시작해야 했다.

할례는 하나님께서 그분의 백성이 그 땅의 다른 거민들과 다르다는 것을 보여주기 위해 그들에게 주시는 표지였다. 그분의 백성들은 주변의 세상과 언제나 구별된다.

이 말의 의미는 할례가 '애굽의 수치'(수 5:9)를 이스라엘에서 떠나가게 하였다는 것이다. 그들이 가나안에 들어갈 때 애굽에서 영향받은 것을 조금이라도 갖고 들어가면 안 되었다. 애굽의 모든 것과 완전히 결별해야 했다.

오늘날에 적용하면, 이것은 하나님께서 우리를 주변 세상에서 분리하셨다는 것을 의미한다. 회심은 우리를 세상에서 분리하는 영적 할례이다. 나의 회심이 나를 세상에서 분리하지 않는다면 그 회심은 참된 것이 아니다. 회심이 할례처럼 철저한 것이 아니라면 회심이 왜 굳이 필요하겠는가?

내가 '인위적 회심'이라고 부르는 것에 안주하고 마는 사람들이 얼마나 많을까? '인위적 회심'은 그리스도께 돌아가는 성경적인 참된 회심이 아니다. 생활을 개선하고 조금 깨끗하게 하는 것과 성령의 능력에 의해 변화되는 것은 다른 것이다. 회심은 변화되는 것이지, 단순히 새롭게 갱신하는 것이 아니다.

생활을 깨끗이 하고, 오랜 습관을 고치고, 건강에 좋은 새 습관을 시작할 수는 있지만 그런 것은 성경적 회심이 아니다. 진정한 회심은 우리 삶 속에서 나타나는 하나님의 표지로서 우리를 주변의 세상과 구별되게 해준다. 만일 우리가 거듭났다는 것을 세상이 인식하지 못한다면 우리는 거듭난 것이 아니다.

만나의 중단

두 번째 결과는 만나가 그친 것이다(수 5:10-12). 이스라엘이 광야에서 사는 동안 하나님은 날마다 그분의 백성에게 하늘에서 만나를 내려주셨다. 그러나 이제 요단강을 건너 약속의 땅으로 들어왔기 때문에 만나의 공급은 끝났다.

만나가 그친 것은 하나님과 동행하며 이스라엘의 신앙이 성숙했다는 것을 의미한다. 만나는 하나님께서 이스라엘에 날마다 내려주신 선물로서 한시적(限時的)인 것이었는데 이제 그치게 되었다. 하나님은 그들이 가나안의 소산(所産)을 먹도록, 즉 더욱 성장한 자를 위한 음식을 먹도록 바꾸셨다. 이것이 이스라엘에게는 엄청난 변화였다!

광야에서 이스라엘 민족이 때때로 만나에 싫증을 느껴 하나님께 불평했던 것을 기억하는가? 그것은 성숙하지 못한 자들이 어떻게 반응하는지를 잘 보여주는 사건이었다. 이제 그분과 동행하는 일에서 그들이 성숙해졌기 때문에 그분은 훨씬 더 좋은 음식의 공급을 허락하셨다.

가나안의 소산은 이스라엘이 나무를 심어서 얻은 것이 아니었다. 그들이 그 땅의 소산을 먹을 수 있었던 것은 하나님께 순종하여 그분을 따라 가나안으로 들어갔기 때문이었다. 그 땅을 정복하니 그 결과로 가나안 땅의 모든 소산까지 취할 수 있었던 것이다.

신약성경은 우리를 위해서 이것에 관해 간략히 언급하는데 우선은 고린도의 그리스도인들에게(고전 3:1,2), 그다음에는 히브리 그리스도인들에게(히 5:11-14) 그렇게 한다.

하나님이 이스라엘을 가나안으로 이끌고 들어오신 것은 그들이 하나님의 일들에 대해 성숙하도록 하기 위함이었다. 이것이 그분이 가지신 목적의 모든 것이었다.

오늘날도 마찬가지로, 그분은 이제 우리에게 그분의 일들에 대해 성숙하라고 도전하신다. 성숙하지 못하는 것이 오늘날의 그리스도인들의 큰 문제이다. 아직도 광야에 있는 것처럼 살아가고, 여전히 만나를 먹으며 가나안의 음식에는 적응하지 못하고 있다.

오늘날 우리의 귀에는 "지루해 죽겠는데 뭐 재미있는 것 없나?"라는 아우성이 들린다. 그러다 보니 교회는 '교회 다니는 사람들'(churchgoers)을 즐겁게 해주기 위해 소설, 드라마 그리고 온갖 종류의 오락을 제공한다. 오늘날 복음을 믿는 교회들에는 세상만큼 오락이 넘친다.

오늘날 보통 그리스도인들, 아니 정확히 말해서 자기가 그리스도인이라고 생각하는 사람들은 세상에 뿌리를 둔 오락과 참된 하나님 경배를 구별하지 못한다. 만일 그들이 참된 하나님 예배를 체험할 수만 있다면 그들은 결코 세상의 오락에 만족하지 못할 것이다.

보혜사의 격려

세 번째 결과는 '칼을 손에 든 사람'(수 5:13)이 나타난 것이다. 이것은 여호수아에게 일생일대의 경험이었다. 이 사자(使

者)는 여호수아를 만나주신 성령이셨다. 신약의 표현을 빌려 말하자면, 이분은 보혜사이시다(요한복음 14장).

'칼을 손에 든 사람'은 여호수아에게 전진하여 하나님께 받은 사명을 완수하라는 격려의 메시지를 주었다. 우리도 주님에게서 격려의 말씀을 새롭게 받아야 할 때가 있다. 여호수아는 사명을 완수해야 했기 때문에 이런 격려의 말씀을 받을 자격이 충분했다. 여호수아처럼 하나님과의 관계를 늘 지속적으로 유지하지 않는다면, 당신이 그분의 뜻대로 행하고 있다는 것을 어떻게 확신할 수 있겠는가?

가나안, 올바른 경배의 땅

가나안 땅은 경배의 땅이었다. 그 땅은 여호와 경배로 불탔다. 창세기 12장 7,8절을 보면, 여호와 경배는 아브라함(당시에는 아브라함이 '아브람'이라고 불렸다)으로부터 시작되었다. "여호와께서 아브람에게 나타나 이르시되 내가 이 땅을 네 자손에게 주리라 하신지라 자기에게 나타나신 여호와께 그가 그곳에서 제단을 쌓고 거기서 벧엘 동쪽 산으로 옮겨 장막을 치니 서쪽은 벧엘이요 동쪽은 아이라 그가 그 곳에서 여호와께 제단을 쌓고 여호와의 이름을 부르더니"(창 12:7,8).

야곱도 제단을 쌓았다. "하나님이 야곱에게 이르시되 일어나 벧엘로 올라가서 거기 거주하며 네가 네 형 에서의 낯을 피하여 도망하던 때에 네게 나타났던 하나님께 거기서 제단을 쌓으라 하신지라"(창 35:1).

메시지를 받은 후에 여호수아는 그의 신을 벗었다. "여호와의 군대 대장이 여호수아에게 이르되 네 발에서 신을 벗으라 네가 선 곳은 거룩하니라 하니 여호수아가 그대로 행하니라"(수 5:15).

가나안은 경배의 땅이었고, 하나님은 다양한 형식의 경배에 대해 그분의 백성에게 가르치고 그들을 인도하셨다.

사람의 영혼이 자기의 제단에 기름을 붓는 땅이 여기 이 세상에 있다.

우리가 반드시 물어야 할 질문은 "우리는 어디에 있는가?"라는 것이다. 우리의 기독교는 어떤 것인가? 그것은 사교를 위한 것인가? 형식적인 것인가? 오락처럼 재미있게 해주는 것인가? 신학에 너무 치중하는가? 현실도피를 위한 것인가?

아니면 하나님의 임재 안에서 큰 기쁨과 황홀을 느끼며 그분을 경배하고 기쁘게 해드리는 것인가?

가나안 땅으로 나는 가네

영혼이 결코 죽지 않는 곳이라네

나의 가장 어두운 밤이 낮으로 바뀌고

영혼이 결코 죽지 않는 곳이라네

슬픈 이별도 없고

눈물로 흐려진 눈도 없고

모든 것이 사랑이고

영혼이 결코 죽지 않는 곳이라네

_윌리엄 M. 골든(William M. Golden)

〈가나안 땅으로 나는 가네〉

CHAPTER
22

낙심이 오면
격려를 받아라

자비로우신 하늘의 아버지시여,

이 시간, 당신께 구하오니 저의 마음과 영혼을 위로하소서. 많은 일로 낙심하고 당신에게서 관심이 멀어졌습니다. 저는 낙심의 구렁텅이에 빠져 있습니다. 오 나의 하나님, 환경에 눌려 당신에게 집중하지 못한 것을 용서하소서. 저의 낙심이 도리어 당신의 은혜와 자비를 더욱 많이 볼 수 있는 기회임을 깨닫게 도우소서.

성령이시여, 제 마음을 기쁨으로 채워줄 길로 저를 인도하소서. 저의 낙심으로 오히려 당신 안에서 기뻐할 수 있도록 허락하소서.

이것을, 오 아버지시여, 예수님의 이름으로 구합니다. 아멘.

낙심을 통해 보아야 할 것들

일단 그리스도인이 되어 가나안에 들어가면 더는 낙심이 없을 것이라고 믿는 이들이 많다. 그들은 일단 가나안에 들어가면 모든 것이 잘 돌아가고 기분도 좋아지고 기쁨으로 충만한 삶이 있을 것이라고 착각한다. 그랬으면 정말 좋겠다! 하지만 현실은 전혀 그렇지 않다.

나는 이것을 강조하고 싶다. 낙심이 우리의 삶에 아주 부정적인 영향을 미치는 것이 사실이지만, 거기에도 긍정적인 면이 있을 수 있다는 것이다.

우리가 낙심할 수 있지만, 그 낙심 중에도 우리의 눈에 두 가지가 보일 수 있다. 첫째로는 우리의 연약함이 보이고, 둘째로는 하나님의 은혜가 그 연약함 속에서 우리의 삶에 임하는 것이 보인다.

낙심이 찾아오면 우리는 쉽게 그것에 지배당한다. 낙심이 우리의 관점과 태도를 결정하고, 우리는 낙심이라는 렌즈를 통해 모든 것을 보게 된다.

비 오는 날 농부가 창밖을 내다보면 온통 빗줄기만 보일 것이다. 밖에서 한없이 비가 쏟아지니 분위기가 영 우중충하다. 그러나 밭에 비가 오느냐 안 오느냐에 따라 그해 농사가 풍

년이 될 것인지가 결정되고, 또 어떤 농작물을 기를 것인지가 결정된다. 멀리 보는 농부는 우울한 분위기와 빗줄기만을 보는 것이 아니라 작황까지 내다본다.

어떤 사람의 일시적 기분을 보고 그 사람이 어떤 사람인지를 정의할 수는 없지만, 앞으로 그의 일이 잘 풀릴 것인지 잘되지 않을 것인지는 짐작할 수 있다.

농부가 농사짓는 밭에 일주일 내내 햇볕이 내리쬘 수는 없듯이 우리의 삶 또한 늘 화창하기만 할 수는 없다. 지나친 일조량은 오히려 농작물의 수확에 해로울 것이다.

우울감을 일으키는 것들이 완전히 사라진 날들이 항상 계속되리라고 기대할 수는 없다. 낙심을 절대로 경험하지 않을 것이라는 생각은 대단한 착각이다.

그리스도인도 낙심할 수 있는가

낙심은 언제나 자기연민(self-pity)을 이용한다. 어떤 모임이든지 거기에는 어느 정도의 낙심으로 힘들어하는 그리스도인들이 있을 것이다. 낙심은 어떤 이유로든 생길 수 있다. 아무튼 낙심은 찾아오고, 그것 때문에 기분이 달라지고, 만사를 보는 관점이 바뀐다.

이런 일이 일어나면 우리의 원수는 아주 기뻐한다. 우리가 낙심할수록 그는 그만큼 더 기뻐하고, 우리를 더욱 낙심하게 하는 일을 골라서 한다.

어떤 이들은 육체적으로도 힘들어할 정도로 아주 심한 낙심에 빠진다. 그런데 이런 사람들 중에 속마음을 숨기고 겉으로는 아무 일이 없는 체하는 사람들이 많다. 깊은 낙심과 불만이 있지만 다른 모든 사람에게 그것을 숨긴다. 겉으로 미소 지으며 행복해 보이는 법을 터득했지만, 그들 삶의 가장 깊은 곳까지 파 내려가면 그들의 깊은 낙심과 불만이 드러난다.

그리스도인은 낙심하면 안 된다고 믿는 사람들이 많이 있다. 그런 사람들은 자기가 낙심해 있는 것을 다른 사람들이 아는 것을 원치 않는다.

낙심은 무엇 때문에 생기는가? 특히 그리스도인들 중에서.

부정적 사고와 긍정적 사고의 차이점은 무엇인가? 부정적 사고는 잘못된 것을 찾지만 긍정적 사고는 잘못된 것을 고칠 방법을 찾는다. 의사의 진찰은 무엇이 잘못되었는지를 알아낼 뿐 아니라 그것을 해결하는 방법까지 찾아낸다.

엘리야의 경우를 보면 사람들을 낙심에 빠지게 하는 원인 중 하나를 발견할 수 있다. 그는 그와 함께하는 사람이 주변에 하나도 없기 때문에 깊이 낙심하게 된 사람의 극적인 예라 하겠다. 그는 모든 사람이 자기를 버렸다고 느꼈다. 그와 똑같은 마음을 가진 사람이 그의 주변에 없었다.

지금 당신도 엘리야 같은 상태에 빠져 있을 수 있다. 가정이나 직장 또는 삶의 어떤 부분에서든 당신은 당신과 똑같은 마음을 가진 사람이 없기 때문에 아무런 교제도 나누지 못하고 있을 수 있다.

그런데 엘리야의 경우처럼 이것이 당신에게 유익할 수도 있다. 바로 여기에서 아주 기막힌 역설(逆說)이 등장한다. 엘리야가 하나님께서 바알 신에게 무슨 일을 행하실 수 있는지를 주변의 온 세상에 보여주었던 때는 다른 모든 선지자가 그를 떠나고 그가 혼자 싸웠을 때였다!

"물건이 클수록 떨어질 때의 파괴력은 그만큼 더 크다"라는 속담이 있는데, 영적 세계에 딱 들어맞는 말이다.

어떤 그리스도인들은 낙심을 경험하지 못하는데 왜냐하면 애당초 기대가 없었기 때문이다. 그들은 아무것도 기대하지 않기 때문에 어떤 것이 주어지지 않아도 "좋아! 아무 문제 없어"라고 말한다.

또 어떤 그리스도인들은 그들의 능력을 초월하는 이상(理

想)을 갖고 있다. 6개월 동안 발버둥 치다가 그 이상에 도달할 수 없으면 그것에 등을 돌리며 낙심에 빠진다. 영적 열망이 더 높을수록 그만큼 더 깊은 낙심의 늪에 빠지고 만다. 이것을 가리켜 존 번연은 그의 책 《천로역정》에서 '낙심의 구렁텅이'(the Slough of Despond)라고 불렀다.

낙심하는 자여, 이렇게 말하라

그렇다면 해결책은 무엇인가?

낙심은 잘못된 생각 때문에 생긴다. 그 잘못된 생각은 당신이 혼자가 아닌데 혼자라고 착각하는 것이다. 우선, 당신 같은 사람들이 많다. 또한 당신의 낙심은 하나님이 당신과 함께 계신데 당신이 결코 혼자가 아니라는 것을 기억하지 않기 때문에 생긴다. 만일 하나님이 우리보다 앞서 사자를 보내시지 않는다면 우리는 그런 하나님을 어떻게 이해해야 할까?

살다 보면 사면초가에 처할 때가 있다는 것을 나는 잘 안다. 심지어 우리 주님도 천사가 하늘로부터 나타나 힘을 더하는 가운데 땀이 땅에 떨어지는 핏방울같이 될 정도까지 기도하셔야 했다(눅 22:43,44). 하나님께서 천사를 내려보내 엘리야를 위해 떡을 구워주게 하신 것은 그가 깊이 낙심하고 있을 때였다.

주변 사람들의 사악함 때문에 낙심에 빠지는 그리스도인들도 많다. 한 예를 들자면 '눈물의 선지라'라고 불리는 예레미야가 떠오른다. 그가 사방팔방을 둘러봐도 온통 사악함뿐이었다. 그의 시대에는 물론 신문이 없었지만, 만일 있었다면 그는 "신문들 대부분이 사악함, 사악한 방법들, 사악한 사상들로 도배가 되어 있구나!"라고 탄식했을 것이다.

그는 시대의 사악함을 꿰뚫어 보았지만, 다른 그 누구도 그것을 보지 못했다. 그가 '눈물의 선지자'라고 불리는 것이 일리가 있을지도 모르겠지만, 사실 그는 낙심과는 아주 거리가 먼 사람이었다(애 3:24).

당신은 자신의 낙심을 어떻게 처리하려 하는가? 낮에는 이 땅에 이미 빛이 있어 밝으므로 하늘의 별들의 빛이 보이지 않는다. 밤에 별빛이 빛나는 것은 어둠이 있기 때문이다. 그와 마찬가지로, 역사의 모든 시대에서 어둠이 땅을 덮을 때마다 성도는 빛을 발한다.

낙심이 찾아오면 그것에 굴복하지 말고 대신 이렇게 기도하라. "아버지시여, 감사합니다. 비록 제가 과거의 위대한 신앙인들보다는 못하지만, 당신은 어떤 상황에서도 저를 통해 일하실 수 있기 때문입니다."

그러므로 낙심의 어두운 그림자가 드리운 시간을 보내고 있다면 이렇게 말하라. "여호와 하나님께서 내 앞에 계신 사자를 통해 나를 도우실 것이므로 나는 낙심하지 않고 그분에게서 힘을 얻을 것이다."

당신이 어둠과 그늘 속에 있더라도, 마귀의 함정에 빠졌더라도, 당신은 일어나 "주 여호와께서 나를 도우시므로 내가 부끄러워하지 아니하고"(사 50:7)라고 외칠 완벽한 권리가 있다! 빛없이 어둠 속을 걸어가는 모든 이들이여, 여호와의 이름을 믿어라. 하나님을 의지하라. 그러면 아무 문제 없을 것이다(사 42:16).

"내니 두려워 말라

내니 두려워 말라"

광풍이 불고

내 비명소리가 넘쳐나지만,

하나님이 땅과 하늘에서 다스리시네

"내니 두려워 말라

내니 두려워 말라"

폭풍이 믿는 내 마음을 해할 수 없으니

예수께서 거친 파도 위를 걸어오시기 때문이라

그분의 음성이 내 귀에 들려 내 두려움을 잠재우네

"내니 두려워 말라"

_바니 엘리엇 워렌(Barney Elliott Warren)

〈두려워 말라〉

CHAPTER
23

은폐의 구름을
딛고 올라가라

하나님, 우리 주 예수 그리스도의 아버지시여,
우리가 뱀이 우글대는 골짜기에서 방황하도록 내버려 두지 않으신 당신께 감사드립니다. 오히려 당신은 우리의 마음을 끌어당기고, 우리에게 호소하시고, 심지어 우리 앞에 문을 두셨습니다. 어디에 있든지 우리는 나갈 수도 있고 들어갈 수도 있습니다. 주님이 은혜 가운데 그렇게 해 주셨습니다. 주님은 아들이신 예수님을 보내주셔서, 그분이 십자가에서 죽고 부활하고 살아게시어 저기 하늘에서 우리를 위해 대언(代言)하게 하셨습니다. 당신께 영광을 돌립니다. 우리는 절망하지 않고, 포기하지 않고, 원수에게 굴복하지 않을 것입니다. 온갖 유혹이 있어도 우리는 우리의 주석을 은으로, 우리의 은을 금으로 바꾸어놓는 길을 당신이 마련해 놓으셨으며, 우리의 무거운 옷을 벗기고 찬양의 옷을 입혀주실 것을 감히 믿습니다.

우리 주 예수 그리스도 안에서 이 기도에 복을 내려주시기를 간구합니다. 아멘.

언제나 소망의 문이 있다

가나안을 통과해 걸을 때 우리는 낮에는 구름 아래에서, 밤에는 불 아래에서 걷는다. 낮이나 밤이나 하나님의 보호 아래에 있는데 그분은 모든 것으로부터 우리를 지켜주신다. 만일 그분이 미래의 어떤 일에 대비해 우리를 준비시키지 않으셨다면 그 일은 일어나지 않는다.

우리 앞에 보냄을 받은 이 사자는 하나님이 제공하신 거룩한 구름 아래에서 우리를 인도하고 계신다. 우리가 하나님이 원하시는 방향으로 가고 있으며 또 그분의 채워주심이 무한하다는 것을 알기 때문에 우리에게는 두려움이 없다.

곤경에 처했다고 해서 포기할 필요는 없다. 우리는 절망의 골짜기에도 희망의 문이 있다는 것을 안다. 당신의 사업에 어려움이 있다 해도 포기하지 말라. 당신의 신경이 극도로 날카

로워지고 곧 쓰러질 것 같아도 포기하지 말라. 어떤 경우에도 포기하지 말라. 왜냐하면 당신에게 믿음만 있으면 문이 있다고 하나님께서 말씀하시기 때문이다.

이 문이라는 개념은 우리 주님의 말씀에 그 근거가 있다. 그분은 "내가 문이니 누구든지 나로 말미암아 들어가면 구원을 받고 또는 들어가며 나오며 꼴을 얻으리라"(요 10:9)라고 말씀하셨다.

문에 관해 생각할 때, 우리는 문 중에는 악한 문들도 있고 복된 문들도 있다는 것을 이해할 필요가 있다. 나는 감옥들을 방문한 적이 있다. 내가 볼 때, 감옥 문이 철커덕 닫힐 때 나는 소리는 이 세상에서 들을 수 있는 가장 등골이 오싹한 소리 중 하나이다. 큰 자물쇠를 돌려 문을 잠그면 죄수들의 가슴이 철렁할 것이다. 이처럼 우리 주변의 사방에는 악한 문들도 있다.

복된 문들도 있다. 때때로 이 문들은 처음에는 눈에 띄지 않다가 우리가 아주 큰 어려움과 낙심에 직면해서야 비로소 보이기 시작한다. 하나님이 준비하신 문이 저쪽에 있지만, 그것을 볼 수 있도록 그분이 우리를 준비시키실 때까지는 우리 눈에 보이지 않는다.

그 문은 새로운 영역으로 들어가는 관문이다. 우리가 어려움에 압도되어 절망에 빠지는 일이 없도록 하나님은 소망의 문을 만들어놓으셨다.

예수 그리스도의 피가 우리를 모든 죄에서 깨끗이 씻어주신다는 것을 기억하라. 그분이 우리에게 손짓하신다. "성령과 신부가 말씀하시기를 오라 하시는도다 듣는 자도 오라 할 것이요 목마른 자도 올 것이요 또 원하는 자는 값없이 생명수를 받으라 하시더라"(계 22:17).

예수님은 말씀하셨다. "수고하고 무거운 짐진 자들아 다 내게로 오라 내가 너희를 쉬게 하리라 나는 마음이 온유하고 겸손하니 나의 멍에를 메고 내게 배우라 그리하면 너희 마음이 쉼을 얻으리니"(마 11:28,29).

우리가 발걸음을 멈추고 "여기부터는 더 이상 갈 곳이 없는 것 같다"라고 말하지 않을 수 없는 상황이 올 수도 있다. 괜찮다. 그런 경우를 당한다면 앞을 똑바로 보라. 문이 있다! 하나님께서 특별히 당신을 위해 열어놓으신 소망의 문이 있다. 그 문으로 들어가라. 그러면 기쁨과 당신에게 필요한 모든 것을 얻을 것이다.

그래서 우리 앞에 계신 이 사자의 인도를 받으면 우리에게 필요한 것들이 눈에 보이는데, 그럴 때 온 힘을 다해 그것들을 붙잡아야 한다.

하나님의 얼굴을 가리는 은폐의 구름

하나님의 미소 짓는 얼굴이 우리를 향하고 있다는 사실을 늘 명심하라. 이 사실을 믿지 못하게 하는 의심의 씨앗을 그 누구도 뿌리지 못하게 하라.

하나님의 미소 짓는 얼굴이 우리를 향하고 있다면(물론 이것은 사실이다) 왜 우리는 그리스도인으로서 살아가는 것을 즐기지 못하는가? 어째서 우리는 그리스도인으로서 구주 예수 그리스도의 놀랍고 신령한 영적 조명(照明)하심을 나누지 못하는가? 어찌하여 우리 마음속의 거룩한 불을 느끼지 못하는가? 어째서 하나님과 화목한 관계에서 느낄 수 있는 감정을 느끼고 경험하려고 애쓰지 않는가? 심지어 지금도 우리 영혼의 촛불이 더 밝게 타오르지 않는 이유는 무엇인가?

그 이유는 간단한데, 미소 짓는 하나님의 얼굴과 우리 사이에 '은폐의 구름'이 있기 때문이다.

이 은폐의 구름을 어떻게 이해해야 할까? 이것에 대한 논의를 자주 들을 수 있는 것은 아니다. 이 구름은 우리를 향해 빛나는 하나님의 얼굴의 기쁨과 경이(驚異)와 경외를 보지 못하게 가리는데, 문제는 우리가 이 '은폐의 구름'이 우리를 덮도록 허락한다는 것이다.

교만

그리스도인에게 '은폐의 구름'의 역할을 하는 것들은 많다. 예를 들면, 교만의 구름이 있다. 당신은 분명히 당신의 하늘 아버지의 자녀이고 천국이 당신의 본향이지만 그럼에도 평생 마음속에서 거룩한 불을 느끼지도 못하고, 하나님과의 화목에서 오는 감정을 체험하지 못할 수도 있다. 이런 것 때문에 낙심의 순간들이 찾아온다.

마귀는 "하나님은 너를 미워하시며, 네게 등을 돌리셨다"라는 말을 우리 귀에 집어넣으려고 애쓴다.

그러나 십자가에서 고통의 신음 가운데 예수님이 "다 이루었다"(요 19:30)라고 말씀하시고 숨을 거두신 이후, 이제까지 하나님은 그분의 자녀 중 그 누구에게도 등을 돌리지 않으셨다. 만일 우리가 마귀의 거짓말을 믿으면 저 '은폐의 구름'의 그림자 아래로 들어가는 것이다.

완고함

하나님의 얼굴은 언제나 우리를 향하고 있지만, 우리가 이 완고함의 구름을 용납하면 그분의 얼굴을 볼 수 없을 것이다. 어떤 이들은 완고하여 무쇠같이 버틴다. 그들은 법규를 지키는 것 외에는 사람들이나 하나님이나 또는 그 누구에게도 무릎을 꿇지 않는다.

하나님은 이스라엘에게 "네 목은 쇠의 힘줄이요 네 이마는 놋이라"(사 48:4)라고 말씀하셨다. 그분은 그들의 완고함 때문에 그들을 복종하게 만드실 수 없었다.

고집

하나님과 우리 사이에 내 고집(self-will)이 끼어들게 놔두면 하나님의 얼굴이 가려진다. 고집은 신앙의 영역에서도 나타나서, 우리가 기도하러 교회에 들어갈 때 고집도 함께 들어갈 수 있다. 고집스러운 사람은 자기 뜻대로 될 때는 온화한 모습을 보이지만, 자기의 뜻에 어긋나면 불만을 터뜨리며 나쁜 성질을 드러낸다.

야망

그리고 야망의 구름도 있다. 야망에는 심지어 종교적 야망도 있다는 것을 당신도 알고 있을 것이다. 종교적 야망에 사로잡혀 하나님의 뜻이 아니라 자기확장의 욕심을 따르는 사람들도 있다. 그 결과, 그들과 그들의 하나님 사이에는 '은폐의 구름'이 낄 뿐이다.

야망, 완고함, 고집, 교만, 그리고 성령께서 당신께 지적해 주실 수 있는 그 밖의 어떤 것이라도 전부 이 '은폐의 구름'이 될 수 있다. 당신에게 그것이 구체적으로 어떤 것인지는 오직 당신만이 알 것이다.

하나님은 질투하는 하나님이시기 때문에 경쟁자를 용납하지 않으신다. 어떤 경쟁자이든 간에 그것은 그분과 우리 사이를 가리는 구름일 뿐이다.

은폐의 구름을 밟고 올라가 주님을 보라

사랑하는 그리스도인들이여, 여러분 중 어떤 이들은 오랜 세월 동안 구름 아래에서 살아왔을 것이다. 당신들이 그 구름 위로 올라갈 수 없는 이유는 그저 기도로 길을 만들어 구름 위로 올라가려고 애썼기 때문이다. 하지만 버릴 것을 버리고 순종할 것을 순종하지 않으면서 기도만 하는 그런 방법으로는 되지 않는다.

당신들은 그 구름을 밟고 그 위로 올라서야 하고, 당신과 하나님의 모든 피조물 사이에 있는 이 모든 것을 버려야 하며, 눈길을 저쪽으로 돌려 햇빛을 보아야 한다.

그런 다음에는 편히 쉬어라. 왜냐하면 당신들이 할 것이 없기 때문이다. 사람이 무엇을 할 수 있겠는가? 사람은 스스로 성령충만할 수 없고 스스로 자기의 마음을 정결하게 할 수 없다. 하나님이 그렇게 해주셔야 하고, 그분은 그렇게 해주시기를 갈망하신다! 우리가 그분에 대해 '갈망하다'라는 표현을 사용할 수 있다면 말이다.

그런데 그분이 우리 편이시라 할지라도, 아니 오히려 우리 편이시기 때문에 그분은 우리를 힘들게 하는 구름을 금방 치워주지 않고 기다리실 수도 있다.

그분의 때가 이를 때까지 우리는 가만히 앉아 낙심의 상태에 빠져 있다. 여러 교회를 전전했고 많은 책을 읽어보았지만 구름은 걷히지 않고 있다. 용기를 내어 '은폐의 구름'을 발로 밟고 햇빛 속에 계신 주 예수님을 바라보라. 그분에게 무엇을 하셔야 한다거나 어떻게 하셔야 한다고 말씀드리려 하지 말라. 단지 그분을 바라보고, 그분이 일하시게 하라.

거룩한 사랑의 손을 꼭 잡습니다
자비로운 약속을 제 것으로 삼습니다
그분의 약속에 응답합니다
저는 받고 그분은 맡아주십니다

거룩하신 주여, 주님을 영접합니다
저는 주님에게 저를 드리고
주님은 주님의 말씀에 따라
저를 위해 맡아주십니다

_알버트 심슨(Albert B. Simpson)

〈저는 받고 그분은 맡아주십니다〉

4부 더 깊은 삶으로

주의 사자가 앞서 인도하신다

초판 1쇄 발행	2021년 4월 22일
지은이	A. W. 토저
옮긴이	이용복
펴낸이	여진구
책임편집	최현수
편집	이영주 정선경 안수경 최은정 김아진 정아혜
책임디자인	노지현 마영애 ǀ 조아라 조은혜
기획·홍보	김영하
마케팅	김상순 강성민 허병용
제작	조영석 정도봉
해외저작권	기은혜
마케팅지원	최영배 정나영
경영지원	김혜경 김경희

303비전성경암송학교 유니게과정 박정숙 최경식
이슬비전도학교 / 303비전성경암송학교 / 303비전꿈나무장학회 여운학

펴낸곳 규장

주소 06770 서울시 서초구 매헌로 16길 20(양재2동) 규장선교센터
전화 02)578-0003   팩스 02)578-7332
이메일 kyujang0691@gmail.com   홈페이지 www.kyujang.com
페이스북 facebook.com/kyujangbook   인스타그램 instagram.com/kyujang_com
카카오스토리 story.kakao.com/kyujangbook
등록일 1978.8.14. 제1-22

ⓒ 한국어 판권은 규장에 있습니다.
이 출판물은 저작권법에 의해 보호를 받는 저작물이므로 무단 전재와 무단 복제를 할 수 없습니다.

책값 뒤표지에 있습니다.
ISBN 979-11-6504-198-4   03230

규ǀ장ǀ수ǀ칙

1. 기도로 기획하고 기도로 제작한다.
2. 오직 그리스도의 성품을 사모하는 독자가 원하고 필요로 하는 책만을 출판한다.
3. 한 활자 한 문장에 온 정성을 쏟는다.
4. 성실과 정확을 생명으로 삼고 일한다.
5. 긍정적이며 적극적인 신앙과 신행일치에의 안내자의 사명을 다한다.
6. 충고와 조언을 항상 감사로 경청한다.
7. 지상목표는 문서선교에 있다.

하나님을 사랑하는 자 곧 그의 뜻대로 부르심을 입은 자들에게는 모든 것이 合力하여 善을 이루느니라(롬 8:28)

규장은 문서를 통해 복음전파와 신앙교육에 주력하는 국제적 출판사들의 협의체인 복음주의출판협회(E.C.P.A:Evangelical Christian Publishers Association)의 출판정신에 동참하는 회원(Associate Member)입니다.